イスラム飲酒紀行

4

VENLİK
AYVA
TOST EK
34 TF

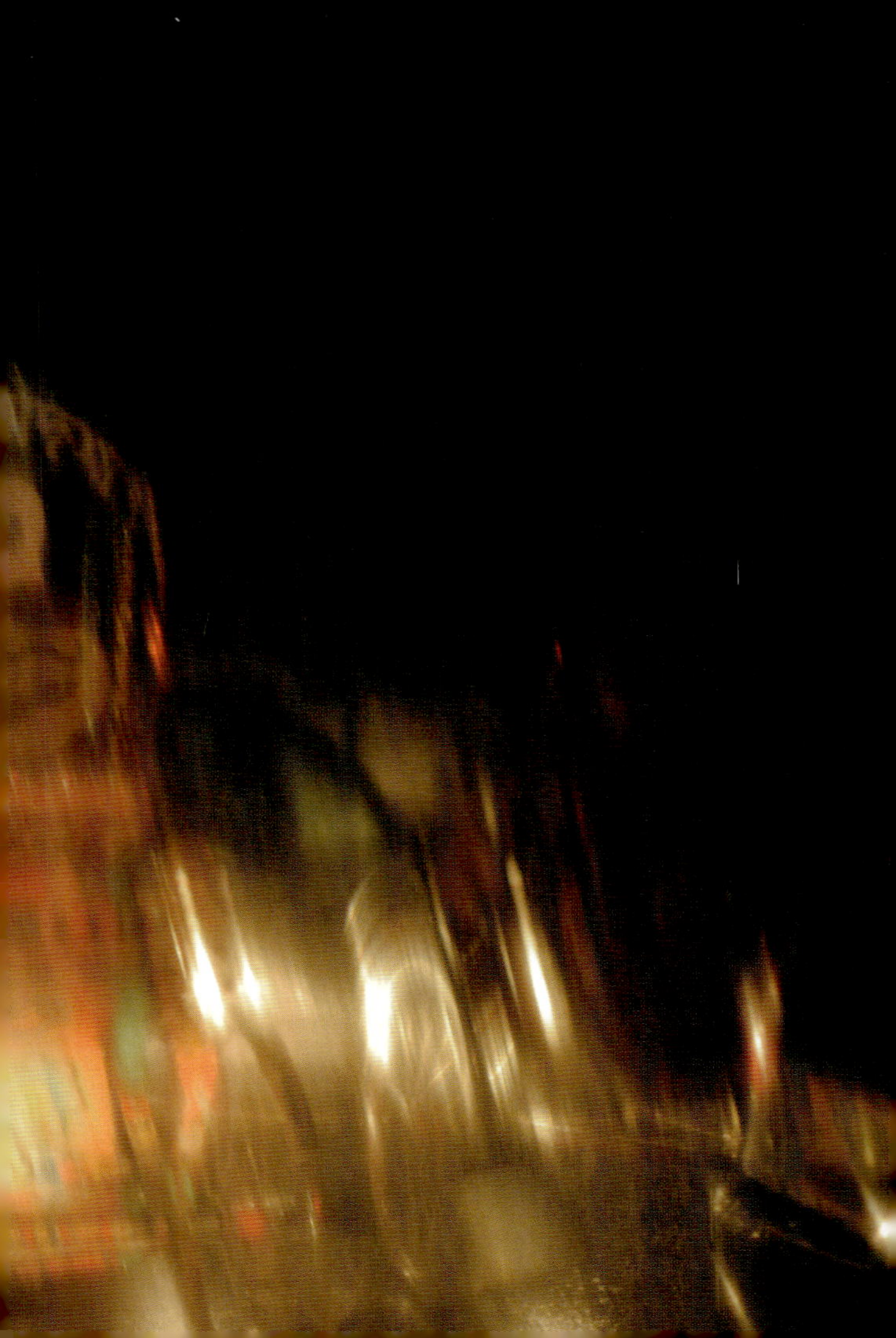

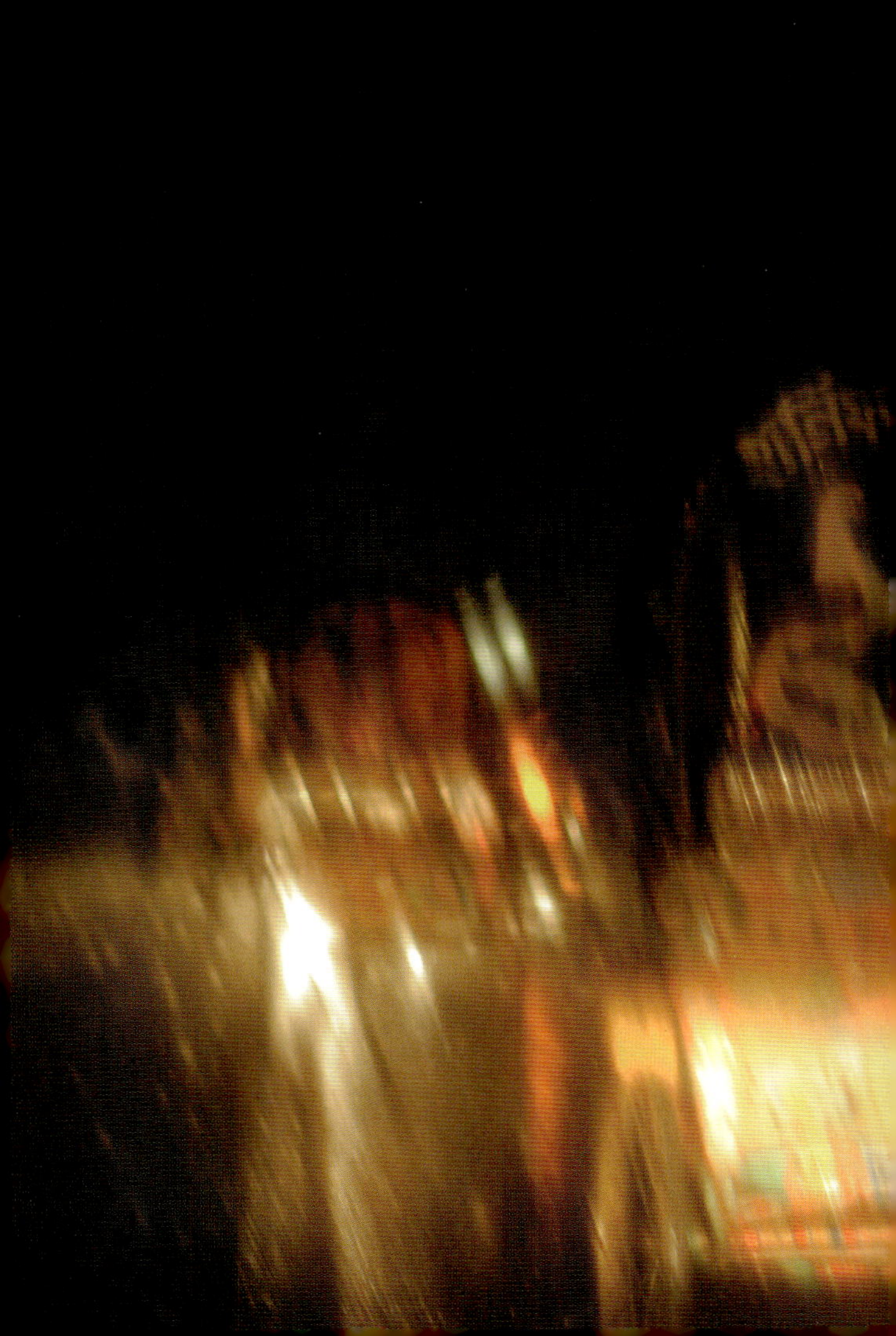

講談社文庫

イスラム飲酒紀行

高野秀行

講談社

目次 contents

イスラム圏の国々

本書で酒を求めた

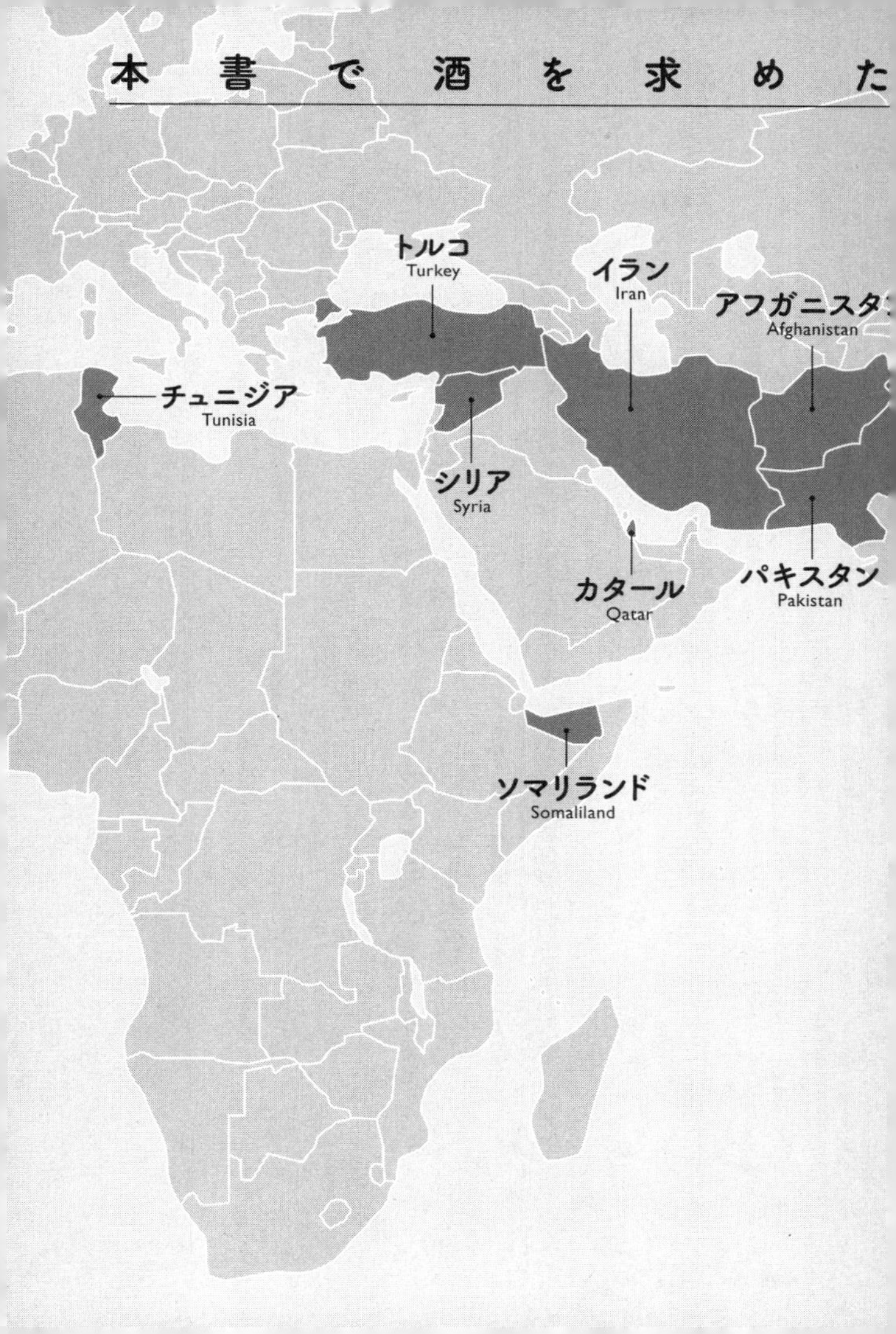
トルコ
Turkey
イラン
Iran
アフガニスタ
Afghanistan
チュニジア
Tunisia
シリア
Syria
カタール
Qatar
パキスタン
Pakistan
ソマリランド
Somaliland

ブックデザイン◉坂野公一(welle design)
カラー写真◉森清(P107、108、185、273、274以外全て)
写真◉高野秀行(チュニジア、マレーシア)
写真◉宮澤信也(ソマリランド)

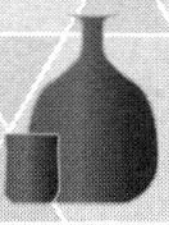

ドーハの悲劇・飲酒篇～序章にかえて～

――カタール・ドーハ

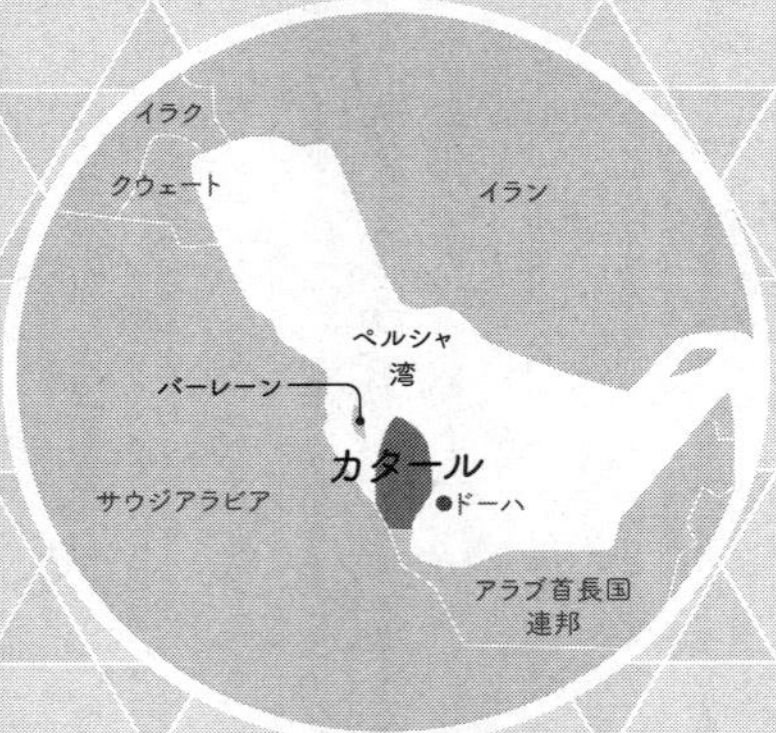

Qatar

Doha

ドーハの悲喜劇

私は酒飲みである。ここ三年、酒を口にしなかった日は二、三日しかない。発熱で寝込んでいても卵酒を飲んでいる。一杯やらないと一日が終わった気がしないのだ。また、どんなに疲れていても一杯やると急に「楽になる」。アル中一歩手前だ。

それがどういう因果か最近はイスラム圏に行くことが多い。目的地がイスラムの国であるほか、経由地がドバイやドーハというのもしょっちゅうだ。

ドーハといえば悲劇である。一九九四年サッカーW杯アメリカ大会のアジア最終予選、日本はカタールのドーハでイラクと対戦。勝てば初の本大会進出が決定したのに、なんと試合終了間際のロスタイムに失点、その瞬間、日本の悲願はついえた。サッカーに疎い私ですらこのようにすらすらと「ドーハの悲劇」を書くことができる。

だからドーハなんていう縁起の悪いところはやめればよかったのだ——。

そのとき私は痛烈に後悔をしていた。

二〇〇八年五月、私はタイのバンコクにいた。大失敗をしていた。ある取材のため、ここからインド洋の真ん中に浮かぶセーシェルに飛ぼうと思い、前日にカタール航空の片道チケットを買った。カタールの首都ドーハで飛行機乗り換えのため十二時間ストップしなければいけないが、それがいちばん安かったのだ。いちばん安くて日本円で十万円もした。さすがセーシェル、名に聞こえたリゾートアイランドだ。

ところが出発前夜になり、大変なことに気づいた。ガイドブックをぱらぱらめくっていたら「セーシェル入国のためには出国の航空券が必要」と後ろのほうに小さく、しかしはっきりと書いてあるのだ。

——ウソだろ……。

目が点になってしまった。私は片道航空券しかないから、この情報を信じればセーシェルに入国できないではないか。おそらく空港で拘束され、そのままバンコクへ強制送還だ。私は今まで二回、強制送還の経験があるが、何度やっても慣れるものではない。というより、あんな体験は二度とごめんだ。

場合によっては拘束が長引き一週間以上も時間をロスするかもしれないし、現地入管の取調べはきっと不愉快だろう。だが、いちばん衝撃なのは、金の問題だ。片道で十万円もしたのだ。強制送還でバンコクに送り返される場合、安くても同じ額がかかる。いや、十万円というのは格安チケットだから、正規料金ではその倍くらいかかるかもしれない。ならば二十万円。昨日買ったチケットと合わせ、往復で……三十万円!!

全身からドバッと冷や汗が噴出し、気を失いそうになった。

眠れぬ夜を過ごし、翌朝急いでチケットを購入した旅行代理店に電話して訊いたが、「今日出発の便は、変更もキャンセルもできません」と当然のことを言われたのみ。

しかたない。最後の手段だ。インターネットカフェで、エア・セーシェルのサイトを探し、セーシェルから次の目的地である南アフリカのヨハネスブルグへの航空券を買おうとした。ネットでも買えることは買えるようだが、「クレジットカードでのご購入はお申し込みに二日か三日かかります」と書いてあった。

どがーん。間に合わないじゃないか。それでも何もしないよりマシか。私は購入申し込みをして、そのページを印刷した。私の名前も便名も記されており、ちらっと眺めるだけなら購入証明書のように見える。

イチかバチか、これにかけるしかない。セーシェル入管の職員がてきとうにやっていて、これが単なる申込書だということに気づかないことを祈るしかない。ダメなら三十万円が瞬時に消える。

最初の関門はバンコクのスワンナプーム空港だったが、幸い、セーシェル行きの客など稀なせいだろう、カタール航空のチェックイン・カウンターではセーシェルから出国する航空券を見せろと言われずに済んだ。

ホッと一息つくと、ドーハ行きの飛行機に搭乗した。

カタール航空は初めて利用する。私は鋭くフライトアテンダントをチェックした。もし彼らがみんな男ならひじょうにまずい。女性でもベールかスカーフを被っていればまずい。だが、アテンダントはみな女性で、洒落た帽子を被っているだけだった。

よし、大丈夫だ。私は頷いた。

無論、アテンダントが美人かとか口説けそうかとかをチェックしていたわけではない。

イスラム系の航空会社は、ときどき機内で酒を出さないところがある。イラン航空やパキスタン航空などがそうだ。そのバロメーターがフライトアテンダントの様子なのだ。ここに航空会社のイスラム度が現れるのである。男だけだったり、ベールを被った女性のみだと、まず酒は出ない。

ただでさえ機内では飲酒を欠かさない私なのに、こんな極度に精神不安定な状態で六時間ものあいだ飲まないではいられない。幸いなことに食事ではバロメーターどおり、ビールと赤ワインをゲットすることができた。

ワインを喉に流し込む。機内で出るワインとしてはイマイチだ。でも頭の中でぐるぐる回り続けている「三十万円」という数字が少し薄らいできた。なんとかなりそうな気がしてきた。だがそこで一八七ミリリットルの小さなボトルは底をついた。

でも大丈夫。私はデイパックからオーストラリア産の赤ワインのボトルを取り出した。私はイスラム圏に入国するときだけでなく、ただ通過するときにもちゃんと酒のことを考慮している。

しかもワイン。洋食にもインドや中東の料理にも合うから、機内ではワインと私は決めているのだ。万一を考え、昨日、バンコクのデパートをあちこち回って購入しておいた。

コルクの栓だとオープナーが必要になるが、オープナーはナイフ同様、危険物として機内持ち込みが禁止だろう。そう思ってわざわざスクリューキャップのものを探すという念のいれようだ。セーシェル入国についても、このワインにかける集中力の十分の一でも注げばよかったと思うくらいだ。

グラスについで飲むと、これもまた味は今ひとつ。それでも今は飲むことが重要だ。クイクイやっていると、予定通り不安はすっかりおさまってきた。昨日は眠れぬ晩を過ごしただけあり、すーっと寝入ってしまった。

イスラムと「公共」

機体の揺れで目を覚ますと、ドーハ国際空港に到着していた。

だだっぴろい出発ロビーに移動する。ドーハは砂漠の真ん中にポツンとある町だ。ロビーの窓からも砂漠しか目に入らない。空港内は同じアラビア半島のドバイ国際空港みたいにショッピングモールやレストラン街などで賑わっているかと思いきや、めぼしいものは何もない。免税店は日本の地方空港並みの小ささで、無料のインターネットコーナーも国際電話ブースも、全て故障中。

ため息をつきながらも、最大の懸案事項は、酒類販売の有無である。免税店にはもちろんウイスキーやブランデーが売られているが、それぞれ一つずつあったカフェとレストラン（正確には食堂）にはなかった。

むう、やっぱりないのか。私はがっくりと首を垂れた。あたりをみわたしても酒の気配はない。

——やっぱりダメなんだろうなあ……。

デイパックにひそむボトルに半分残った赤ワインを思いつつ、じっと瞑目《めいもく》した。

読者のみなさんはここで不思議に思うかもしれない。「自分で酒を持っているのだから何を心配しているのだ？」と。だいたい、先ほどバンコクで飛行機に乗ったときも私は酒が出るかどうか真剣にチェックしていた。ワインを持参しているのに、それもおかしいではないか、と。

でも、ちがうのだ。

イスラムとの付き合いが長くなり、だんだんわかってきたのは、イスラムが「公共」という概念をひじょうに大切にすることだ。例えば、いったん家を出ると、男たちはどんな場合でも女性に気を配らなければならない。

イエメンでは乗り合いバスが混んでくると、目的地でなくても男子は車を降りて、女性のために場所を空けていた。ドバイでも、エレベーターに女性が乗ってくると、それまで乗っていた男性が全員降りなければならないそうだ。

買い物も基本的に男の仕事だ。バンコクでは、アラブ人の若い青年が五人とか八人とか女性を引き連れ、ショッピングモールを汗だくで回っているのをよく見かける。女性だけでは旅行も買い物もできないので、親戚の若い男子が添乗員役で借り出されているのだ。公共の場ではそれがルールなのだ。

「あれ、ほしい！」「あたしはこれ！」「もっと安くならないの？」とか注文をつけまくる女子たちのリクエストを全部聞き、サイズや色の具合から値段交渉まで汗だくになってやっている男子の姿を見ると、イスラムでは女性の地位が低いという説はウソとしか思えなくなる。

だから、ムスリム（イスラム教徒）の男性は女性がいなくなると露骨にホッとする。以前、西葛西の公園で行われた在日スーダン人の焼肉パーティに参加したことがあるが、驚いたことに、家族ごとに参加しているのに、焼肉を食べるときには男女別々に分かれた。

「これじゃ楽しくないじゃんか」と思うのは異教徒の証拠だ。私はもちろん男子チームに属したが、先ほどまで背筋を伸ばしてベンチに座っていた人たちが、男だけになると、突然寝そべって、ギャハギャハはしゃぎながら飯を食い始めた。まさに男子校のノリだ。その行儀の悪さと気さくさには目を見張るものがあった。

もちろん、女性は女性で、男がいなくなると同じようにくつろぐという。公園ではともかく、家の中では互いにブランド品や下着を見せあい、ファッションショーを展開したりして女子高ムードらしい。

酒も同様である。イスラムにおける酒とは、日本における「未成年の飲酒」に極めて近い。公には原則的にダメなのである。だが他の生活態度がふつうであれば、個人が何かの機会にちょこちょこっと嗜むくらいは大目に見られている。あくまで自分の家の中で人に見えないようにやっていれば、うすうす周囲に気づかれても大事にはならないようである(最近ではイスラム復興主義のために変わりつつあるが)。

逆に言えば、このドーハ空港のように、どこも酒類販売をしておらず不特定多数の人々が利用している公共の場で酒を飲むというのは、異教徒といえども控えるべき場面なのである。私はいつでも酒を探さずにはいられず、いつも敬虔なムスリムの人に心から申し訳ないという気持ちでいるだけに、なおさら気をつかってしまう。それが私の最後の良心なのだ。

観念して、てきとうな椅子に腰を下ろした。ちょっとうとうとしてから、ハッと目をさました。

寒い。

熱帯にありがちなことだが、ここでも冷房を効かせすぎだった。フリースにジーンズという格好で寒いなんてどうかしている。待ち時間が二時間くらいならともかく、十二時間だ。誰かとおしゃべりをしていたら少しは気が紛れるかもしれないが、一人でじっと本を読んだりオーディオプレーヤーで音楽を聴いたりするだけでは寒くていられない。そして、体が冷えてくると「三十万円」が頭の中で回りだす。

砂漠でも見ていればいいかと思い、窓際に行ってみた。多少は日があたるし、アラビアのロレンスになったつもりで、熱風に吹かれている自分を想像してみたが、残念なことに窓際こそエアコンの吹き出し口になっている。

誰しも自分のイヤなことには敏感だ。私が酒を切らすことを恐れるように、カタールの人たちは、少しでも温度があがるような事態を恐れてわざわざ冷気がここから出るようにしているのだろう。

また立ち上がり、ふらふらと食堂へ歩いて行った。さほど空腹ではないが、食べれば少し温まるかもしれない。

カウンターでチキンビリヤニをオーダーした瞬間である。メニューに異様な単語を発見した。

「ビール」

え、あるのか⁉　狂喜して頼んだら、インド系ウェイトレスが無愛想に差し出した缶には「ノンアルコールビール」と書かれていた。

よくよく考えれば、到着早々、店先に置かれた缶のドリンクはノンアルコールだけと確認していたのだった。いつもそうだ。ビールがないとわかっていて、ノンアルコールビールを勘違いして頼んでしまう。詐欺にひっかかりやすい人やギャンブルにハマる人と同じように、私の場合も、希望が現実を捻じ曲げてしまうのだ。


満腹になるとしばらくは落ち着いたが、二時間ほどすると日が暮れて、また寒さが厳しくなってきた。居ても立ってても居られず、デイパックを背負ったまま空港内をうろうろと歩き回る。まるでホームレスのようだ。しかし、砂漠が闇に包まれると、その闇は私の心をも侵食してきた。寒さと三十万円でどんどん気分が追い詰められていく。

「もうダメだ」

今度は別の方面に観念してしまった。トイレの個室に入り、デイパックを開けた。ボトルを取り出し、キャップをはずして、ラッパ飲み。ワインのボトルなどラッパ飲みしたことがない。加減がわからず、液体がどばっと口に押し寄せた。トイレはすごく清潔というわけでもなかったから極力、鼻で息をしないようにした。すなわちワインの味もよくわからない。乾いた手の甲で口元をぬぐうと、薄汚い赤紫色に染まった。

しかしアルコールはウソをつかない。体を活性化させる成分が回って、全身がカッと熱くなった。寒くて歩き回って酒をラッパ飲み、そしてやっと温まるという行為を繰り返した。ますます本格的にホームレスだ。

体が温まったのはいいが、なぜか酔いが回らない。不思議なほど酔わない。みじめな気分になり、強制送還↓三十万円喪失の不安が増すせいかもしれない。

もう、いいやと思った。人が見ていようが関係ない。もっと飲まなきゃやってられない。

ロビーの椅子にかけて、デイパックからボトルを取り出し、ごくごくっと二口飲み、最後の三口目は口の中に含んだまま、ボトルはまた素早くデイパックに戻す。あたりを見回すが、特にこっちを注視している人はいない。

頬を膨らませて、口の中に大量のワインをキープする。まるでマンガである。まるで自分がワインググラスになったようだ。「そうだ」と思いついて、少し唇を開き、頭をかるく揺らしてみた。ワインをグラスに入れて揺らすと空気に触れて美味《うま》くなるのを真似たのだ。すると、原理はちがうのだが、口から鼻へ息が通り、舌が心地よく実にいい感じだ。耳の下からじんと酔いがまわってくる。それを少しずつゆっくり時間をかけて飲み干した。

おお、これはいい。今まで味わったことのない不思議な酔い方をする。

しかし本当のマンガはこのあとにやってきた。「新発見」に興奮した私は、もう一度同じようにやってみた。前よりさらに多くワインを口に含み、オタフクみたいな顔を上に向け、前よりちょっと大きめに頭を振った。その瞬間、液体が気管に入った。

「ブハッ！」とむせかえり、咳き込んだ。半分くらいは飲んだが、半分くらいは吐いてしまった。目の前の白い床に赤紫の液体が飛び散った。

うわっ、なんてこった。当然のように、周りの人は私を見つめている。対面にいた髭を生やした家族連れのムスリムの男性にいたっては「いったい何事だ⁉」と驚いたように立ち上がってこっちに来ようとする。

「ノー、ノー、ＯＫ、ＯＫ！」と自分でもわけがわからず叫ぶと、私は急いでティッシュを出して床を拭いた。その人も意味不明なりにあまり深く詮索してはいけないとわかったらしく、頷いて、席に戻ってくれた。

ああ、まったくなんてこった。イスラムは公共を大事にするとか私のムスリムの人たちへの良心だとかなんとか言っておきながら、最高に顰蹙《ひんしゅく》ではないか。だが慌てたことで逆に酔いが回ったのか、やがて落ち着いてきた。というより、今さら公共の目もなくて（みんな、こっちを見てみぬふりをしていた）リラックスしてしまったのかもしれない。体もほかほかし、気持ちも落ち着いてきた。

こうして私はなんとか十二時間のホームレス状態をやりすごし、セーシェル行きの飛行機に乗った。もちろんそこでもガブガブ飲んだ。飲んで、酔っ払って寝た。

セーシェルに着いたときはまだ酔っ払っていたから、入国審査で特に緊張もしなかった。入国審査にチケット購入申込書を出すと、あっさり通過させてくれた。私が平静だったせいでもなければ、担当の係官が怠慢だったせいでもない。ただ、このリゾートアイランドに片道切符で来る外国人など皆無なので、誰も真剣にチェックなどしていなかったのだ。

助かった。三十万円を失わずに済んだ。

ホテルの部屋に着いて、自分を祝す意味であらためてワインを飲むと、驚くほど美味かった。え、このワイン、今まで飲んでいたのと同じやつか？　とびっくりするくらいに。

結論。ワインはやっぱり堂々と飲まないと美味くない。公共の場にしても、個人の居場所にしても。

このように最近では、私はイスラム圏で酒のために悪戦苦闘を繰り返している。決してタブーを破りたいわけではない。酒が飲みたいだけなのだ。そして、実際に酒はどこでも見つかった。いつも意外な形で。

本書はおそらく世界で初めての、イスラム圏における飲酒事情を描いたルポである。ルポというよりは酒飲みの戯言に近いかもしれないが、全てほんとうにあったことだ。

酒とイスラムのどちらか、あるいは両方を愛する全ての人に読んでいただきたいと思う。

第1章

紛争地帯で酒を求めて

——パキスタンからアフガニスタンへ

Pakistan
Afghanistan

目的地はアフガニスタンのはずなのに……

私は酒飲みである。それほど量は飲まないのだが、毎日必ず飲む。「体によくないから、定期的に酒を抜いた方がいい」という忠告をあちこちで耳にするので、休肝日を設けてみたが、年に一日が限界だった。アル中じゃないかと中傷されることもある。

だが私の名誉に誓って言うが、普段から酒のことばかり考えているわけではない。私の本分は辺境での旅や探索だ。

「誰も行かないところへ行き、誰もやらないことをやり、それを面白おかしく書く」のが、あくまで人生の目標である。

今回はアフガニスタンに棲むと言われる謎の凶獣ペシャクパラングとやらを探しに日本を出発していた。相棒はカメラマンの森清。二〇〇七年六月のことだ。

アフガニスタンへは隣国パキスタンの首都イスラマバードを経由していく。パキスタンは厳格なイスラム国として知られている。アフガニスタンのイスラム過激派タリバンが生まれ育ったのもここパキスタンである。イスラム法に厳格なことでは横綱・大関級だ。

パキスタンのナショナル・フラッグ・キャリアであるパキスタン航空では機内でアルコールを出さない。

「ムスリムは酒を飲むのはもちろん、取り扱ってもいけない」という戒律をしっかり守っているためだ。

私は全然気にしなかった。心身ともにアルコールより未知の動物に飢えていた——と言えば格好いいが、日本からの飛行機の機内にはちゃっかり酒瓶を持ち込んで勝手に飲んでいたし（これは問題ない）、なにしろパキスタンは単なる経由地で一泊しかしないとわかっていたからでもあった。

一泊なら我慢できる。我慢も何も、さっきまで機内で——極力目立たないようにだが——ガブガブ飲んでいた。翌日はさっさとアフガニスタンへ行って飲めばいい。

しかし、怪獣探し以上に計算しつくされた目論見はあっさりくつがえされた。

一泊した翌日の昼すぎ、私たちはなぜかアフガニスタンに行っておらず、まだイスラマバードにいた。そして「アンバサダー・ホテル」という大層な名前のホテル内にあるレストランに入って席に着いたとき、私の腸《はらわた》は煮え繰り返っていた。

この日はひどいことだらけだったのだ。まず、ここイスラマバードからアフガニスタンの首都カブールに飛ぶはずのパキスタン航空の便が出発直前に「天候不良のため」キャンセルになった。アフガニスタンでの取材は初めからたった九日間しかなかったが、次の便まで待つと二日のロスになる。手痛い打撃だ。

もう出発ロビーまで行ってしまっていたから、空港から街に戻るのも厄介だった。出国の取り消し、切り取られたチケットの取り戻し、次の便の予約、あらためてパキスタン・ルピーの両替などなどをこなし、それからパキスタン航空の手配で、イスラマバード市内にある、同航空の乗務員や私たちのような外国人の乗り継ぎ客専用のホテルに送られた。パキスタンは初めてだったが、そのスピードののろさと煩雑さ、それに説明のなさはインドとそっくりで、いらいらさせられた。

ホテルに着き、チェックインしてすぐ、私はカブールで待っているはずの知人に電話をした。すると、「カブールは天気もいいし風もなくて、ほかの飛行機はどんどん到着してますよ。パキスタン航空はお客が少ないとよくキャンセルするんです」と言う。

えー、そういうことだったのか。天候不良じゃないのかよ。ふざけんなよ、パキ航空！

怒りが倍増したところ、さらに追い打ちをかけるように電話代がバカ高い。一分しか話してないのに日本円で二千円近い請求書が渡された。ほとんどボッタクリだ。国際電話だから高いとか、数秒コールして切れてしまった分も一回と計算するとか、なんだかんだ言っていたが、ふざけんなよ、パキ航空のホテル！

「まあ、飯でも食いましょうよ」

相棒のカメラマン森清が言う。時計を見ると午後二時。私たちは七時に朝飯を食っただけだから腹ペコだった。おりしも、レストランからは香ばしいスパイスの匂いが香ってくる。飯もいいが、何より先にほしいものがある。

酒だ。ビールだ。冷たいビールをくっとやらねば。

傍から見れば、私は苛立ちや怒りに翻弄されているだけみたいだったかもしれないが、私はそんな甘ちゃんではない。実は鋭くホテルの様子をさぐっていた。

パキスタンはひじょうに敬虔なイスラム国家だ。もちろん酒にも厳しいはずだが、以前、誰からだか忘れたが、「高級ホテルでは入手できる」と聞いた覚えがある。

このアンバサダー・ホテルが高級かどうかは微妙なところだった。規模や造りは明らかに「高級」とは言えない。だが、パイロットや客室乗務員、それに私たちのような外国人の乗客を専門に受け入れているだけあり、フロントの対応はきちんとしている。小さいながら「ビジネスルーム」もあって、厳格なイスラム国家にしては珍しく女性のスタッフがおり、しかも国際電話代は高かった。さっきはボッタクリと罵ったが、高級ホテルの電話代は高いと相場が決まっている。つまりそれもこのホテルが「高級」という証明のように思えた。

ホテル一階にあるレストランもなかなか豪華だ。二時すぎという決して食事時でない時間だが、銀色のトレイや磨きぬかれたビュッフェの大きな銅の鍋からは香ばしい湯気がほくほくと立っている。とどめに、円卓には真っ白なテーブルクロスがかけられていた。

「これは大丈夫だ。絶対、大丈夫だ！」。私は心を強くした。こんなにきれいなテーブルクロスがあって酒がないはずがない。

まだ大英帝国の植民地じゃないかと思うほど給仕が丁寧な物腰で「何かお飲み物はいかがでしょうか？」と訊いてくる。語尾に「サー（ご主人様）」がつけられている。

「ビールを」

私は「サー」にふさわしい落ち着きと威厳で答えた。だが給仕は丁寧な物腰のまま答えた。

「ここにはビールはありません、サー。アルコールは何も置いてないんです、サー」

ガーン！　私は後頭部を鈍器で殴られたような気がした。いや、本当にその音が聞こえた。それほどショックだった。間違いなく今日いちばんのショックだ。

「冗談じゃないよ！」

席を蹴るようにして立ち、呆然としている森と給仕を置き去りにして、フロントへ向かった。もうサーもへったくれもない。

フロント係を呼ぶと、「イエス、サー」とこれまた慇懃《いんぎん》な口調でゆったりとやってきた。そういう態度はやめてほしいと思った。話が長くなるじゃないか。事態は切迫しているのだ。サーより酒だ。

単刀直入に「このホテルに酒は置いてないのか？」と訊いた。

「ここにはありません、サー。でも、セリーナホテルに行けば買えますよ、サー」

「セリーナホテル？　それはどこにある？　遠い？」

「タクシーで二十分くらいです。これを見せればわかります、サー」。フロント係は答えると、紙にホテルの名前をウルドゥー語で書いてくれた。

紙をひっつかむと、森に叫んだ。

「すぐ行ってビール買ってくるから、それまで茶でも飲んでいてくれ！」

ホテル入口に止まっていたタクシーの助手席に乗り込み、運転手にメモを見せたら「わかった。ＯＫ」と言う。「よし！」と思ったところで、森が走ってきた。窓から中を覗き込んで言う。

「高野さん、落ち着いてくださいよ。片道車で二十分ってことは往復四十分でしょ？それで買い物なんかしてたら一時間はかかりますよ。飯もなくなっちゃいますよ」

森は酒飲みではない。ビール一杯で顔が赤くなるほど弱いし、味もさして好きでないらしい。彼も今日パキ航空から受けた仕打ちには腹を据えかねていた。だから二人で一緒に美味い飯をたらふく食って、人心地つこうとしていたのだ。なのに、私は目を血走らせ、わけもわからず外へ飛び出そうとしている……。

「そうか。そうだよな……」

やっと、我に返った。酒のことになると、本当に頭が真っ白になって、他のことがすっぽり抜け落ちるのだ。でも、冷静に考えれば、こんなときこそ苦難や不快感を相棒と分かち合わなければいけない。酒がないからと彼を置き捨てて出かけるのは無責任だ。

ため息をつき、「キャンセル」と言うと、怪訝な顔をしたドライバーが何か言うのにも振り向かず、タクシーを降りた。そして、レストランに入り、紅茶をもらってから飯を食った。

ビュッフェは想像以上に美味かった。いや、こんなに美味いビュッフェは食べた記憶がないくらいだ。複雑微妙なスパイスをきかせたパキスタンのカレーやタンドリーチキン、柔らかいのに歯ごたえがある牛肉やラムのステーキ、野菜をじっくり煮込んだシチューも味わい深い。

だが……。

酒がどうしてもほしいときの酒抜きの飯は、それがどんなに美味くても、他人の舌で味わっているような気がする。どんなに食っても他人の胃袋におさまっているような気がする。すごく美味いのにすごく遠い……。

私は何回おかわりしたかわからないほど食った。腹がはちきれそうになったまま部屋に引き揚げて、そのままベッドに倒れこんで寝た。夜中に目が覚めたら極度の胃もたれだった。頭に浮かんだことはただ一つ。

——冷えたビールが飲みたい。

きっとないだろうと思いながら部屋のミニバーを開けたら、やっぱりアルコールは何もなかった。

「やっぱり、ないか……」

コカ・コーラを取り出し、背中を丸めるようにして、甘ったるい炭酸をすすった。窓を見ると、ガランとした大通りを街灯が意味もなく煌々《こうこう》と照らしていた。わびしい、わびしいパキスタンの夜だった。

ドクターストップならぬ「ドクターゴー」

イスラマバードという街は人工的に建設された首都なので、高級ホテルや政府の施設、外国の大使館などはあっても、いわゆる一般の街の賑わいというものはない。翌日は何もすることがないので、隣のラワルピンディという街に出かけた。こちらが元からある街だ。

パキスタンは昨日の出来事もあり、私の中ではイメージがひどく悪くなっていた。ラワルピンディの街は中心部もレンガや石壁の建物がそこかしこで崩れ落ちてがれきの山をつくっており、「ここが内戦中のアフガンなのでは?」と疑いたくなったくらいだ。ところが、人々は意外にフレンドリーだった。

私は犬が好きなので、道路をうろうろしている犬を写真に撮ろうとしたが、犬は動いてなかなかファインダーにうまくおさまらない。すると、通りがかりの通勤途中と思われる白い長い服を着たおじさんが犬をつかまえ、「ほら、おまえ、あっちだ、カメラの方を向け」と一生懸命、犬の顔をこちらのほうにねじろうとする。犬は虐待を受けるのではないかと怖がって暴れ、おじさんは懸命に犬のあとを追いかける。ムスリムにとって犬は不浄の動物なのに、外国人が写真を撮ろうとしているから、役に立ちたいと頑張ってくれるのだ。だが残念なことに犬は怯えるいっぽうで、結局走って逃げてしまい、おじさんは「申し訳ない」というように照れくさそうな笑みを浮かべ、去っていった。

他にも茶屋でミルク入りの甘いチャイを飲んだら店の主人が「お金はいらない」と言って、にこにこしたり、ずいぶんと感じがいい。

そうこうしているうちに大学生の三人組と出会った。「この辺に朝食が食べられるところはないか?」と森が話しかけたら、半分屋台のような店に連れていってくれ、あろうことか、パラタという油で揚げたパン、オムレツ、ヨーグルト、チャイのセットをおごってもらってしまった。いい歳をした私たちが地元の学生にたかるわけにはいかないと思ったが、頑として「いい」と言う。

若くして客人をもてなす文化を体現しているわけだ。

話をしても面白い。「パキスタンはダメだ。どこも汚い」と街を歩きながら顔をしかめる。自国を批判的に見るのはインテリの証だ。

市場では中国製や日本製の電気製品が安く売られていたのを見て、「(アフガニスタンとの国境の)ペシャワールから密輸しているんだ。政府の人間は金をとっているから何も言わない」とずばずば指摘する。

アフガンで今でも繰り返しテロを起こしているタリバンについては「支持しないが兄弟だ」、「アメリカは好きか」という問いには「ちょっとだけ」と微妙な間合いを見せる。単純に反米でもないし反タリバンでもない。

「これは面白い連中と出会った」と私の中の〝ある勘〟が告げていた。

三人は私たちを郊外にある仏教遺跡に案内しようと申し出たが、私たちは観光に興味がない。「それより君たちの住んでいるところに連れて行ってくれ」と頼んだ。ムスリムの学生たちは「そんなところ、見てもしょうがない。それよりあの遺跡は素晴らしいよ」と仏教遺跡にこだわり、いちおう仏教徒の私たちはそれを拒否しつづけるという妙な展開になったが、結局、私たちが押し切った。

彼らの住居は曲がりくねった路地にある、ごく普通の、古い三階建ての家の一階だった。台所と居間だけのがらんとした部屋を三人が共同で借りて住んでいる。家賃は月に二千ルピー（約四千円・当時）。こちらの大学生というからもっと金持ちの子弟かと思ったら、意外に質素な暮らしだ。独身学生の住処だから、当然そんなに清潔ではない。

「まあ、気楽にしてよ」とリーダー格のソハイルという若者が気取った調子で言った。彼は頭がよさそうだし英語がうまい。これまでも会話の三分の二は彼が代表してしゃべっていた。黒い髪を長く伸ばし、それをときどき手でかきあげたりしてお洒落でもある。

堂々と構えたソハイルとは対照的に、青い目に丸刈りという欧米人の子供みたいな顔のシラースと、色黒で無口なザヒドは「てへへ」と照れ笑いした。「ガイジンがうちに来ちゃったよ、どうしよう」ってな感じである。

ビニールみたいなカーペットの上にぺたんと座った。

「いつもここで何をしてるの？」と森が訊いた。古いパソコンが一台あるだけ、あとは本も数えるほどしかなく、勉学にいそしんでいる様子はうかがえない。

三人は顔を見合わせてへらへらしたが、やがてソハイルが不良ぶった口調で言った。

「まあ、チャラス（マリファナ）をやったり、酒を飲んだりだね」

ほら、来た！　と私は内心叫んだ。〝ある勘〟とは〝酒飲みの勘〟である。政府や大人に批判的な学生と来たら、良識ある大人が顔をしかめることをあえてやるはずだ。すなわち、飲酒……と踏んだのだ。

「そんなもの、簡単に手に入るのか」と訊くと、ソハイルは「簡単さ。ほら」と言って、薄っぺらいカーペットの隅っこをぺろんとめくり、小さなビニール袋をひょいと取り出した。一目瞭然、マリファナだった。

「ポリスに見つかっても問題ない。金をちょっと渡せば。誰でもやってるよ」

他の二人もうんうんと頷く。

「酒も？」と訊くと、人のよさそうな青い目のシラースが「みんな飲んでるよ」とにこにこした。「普通の人の半分くらいは飲んでるね」。

一般にパキスタンでは飲酒は禁じられているが、闇で売っているところもあるし、許可証を得れば合法的に飲めるという。

「医者の診断書があれば飲めるんだ。『この病気の治療にはアルコールが必要だ』ってね。医者に金を払ってそれを出してもらう人もいる」

日本では医者が患者に飲酒を禁じる「ドクターストップ」がふつうだが、こちらでは医者が患者に飲酒を勧める「ドクターゴー」とでも呼ぶべきものがあるらしい。いったいどんな病気なんだろうか。気鬱の病とかだろうか。不眠症だろうか。そしてドクターストップと反対に、患者が熱心に医者に治療的必要性を訴えるのだ。いいなあ、ドクターゴー。

そんなことを話しながら、ソハイルはマリファナを慣れた手つきでほぐし、タバコにまぜて紙巻にした。いわゆる「ジョイント」というやつだ。ライターで火をつけ、きゅうっと吸い込み、ふーっと深呼吸するように煙を吐き出す。

「どう？　やる？」とソハイルは私にジョイントを差し出したが、私は「ノー」と首を振った。マリファナなんて子供のやるものだ。大人だったら酒。酒はマリファナとは比べ物にならないほどいい。中毒性も高いし、体に与える害もマリファナより大きいと思うがそれでもというか、それだけにというべきか、桁違いに美味い。味わい深い。まあ、ソハイルみたいな若造にはなかなかわかるまいが。

私たちは彼らが出してくれた甘ったるいペプシをちびちびと飲んだ。きっとソハイルは、自分たちのことを「つまらない大人だ」と思っているのだろうなと想像し、なんだか面白くなかった。実は逆なのだ。まあ、そのうちわかるだろう。

学生なら誰でもマリファナくらいやるのかと思ったら、シラースとザヒドの二人は手を出さなかった。やっぱり真面目なタイプはやらないらしい。一口にパキスタン人といっても、個人差が大きいようだ。

時間がのろのろと過ぎていく。

「酒はないの？」。私が待ちきれなくなって訊くと、ソハイルは煙を吐きながら「あとでね」と答えた。

「あとはいつのことだ、何時何分なんだ？」と問いただしたい衝動にかられたが、それでは私がまるで酒毒に犯されている哀れな大人のように見えてしまうので、黙って「うむ」と頷いた。ソハイルの一服が終わるまで待つことにした。

退屈そうにしている私たちを慮ったのか、他の二人が「面白いものがあるんだ」とパソコンにＤＶＤを入れた。

画面に映し出されたのは、何度もダビングを繰り返し、えらく不鮮明になった映像だ。激しく動く物体が二つ。昔見たアダルト裏ビデオを思い出し、「やっぱり学生とくればこれか！」とちょっと嬉しくなったが、よく見ると、激しく動いている物体は人間ではなかった。

熊と犬。鎖につながれた黒い熊に、中型の犬がウォンウォン吠えて襲いかかってい る。景色からすると、どこか田舎の村らしいがいったいこれは何だ？ シラースに訊いたら、「熊と犬の戦いだ」と誇らしげに答えた。そのまんまじゃないか。

どうも、パキスタンではけっこう人気のある見世物らしい。彼らは次から次へとDVDを入れ替えるが、どれもこれも熊と犬の戦い。犬が二匹がかりで攻撃することもあるが、展開は犬がやがて熊の鼻や耳を徐々に食いちぎり、最後には倒すというワンパターンだ。

「おー、これ、おもしれえ！ ネタになりますよ」と森は興奮してスクリーンに向けてカメラのシャッターをバシャバシャ切っているが、私にはいったい何が面白いのかさっぱりわからない。不鮮明でワンパターンということならアダルト裏ビデオも変わらないが、私はこれではとても興奮できない。

それより、アレはどうなったのだと私は思った。マリファナだとか熊と犬の戦いだとか、みなさん、どんどん脇道にそれているが、肝心なものをお忘れじゃないだろうか。

　やっとソハイルのマリファナが一段落したようなので、我慢できなくなり、「酒はいつ飲むんだ？」と訊いた。すると彼はあっさり答えた。「あれは夜でなきゃダメだ」。

　えー、夜？　私は逆転本塁打を打たれた投手のように一瞬宙を見上げたあと、ガックリと肩を落とした。今、まだ昼前じゃないか。夜なんてはるか彼方、銀河系の向こうみたいに遠い。

「街を歩こう」。ソハイルが言い、私たちは外に出た。ソハイルは目がとろんとして、かなりマリファナが効いているようだが、平然とサンダルをひっかけ、先頭に立って歩いていく。そのとき、私は失意のどん底にありながら、一つ謎が解けたのを感じていた。

　イスラム圏では酒よりマリファナを始めとするドラッグの方に寛容と思われる地域が多い。教祖であるムハンマドの時代に大麻やアヘンがなく、コーランで禁止されなかったからとも解釈できるのだが、明らかに酒と同等かもっと悪性のものだ。国家の法律でももちろん禁止され、処罰も厳しい。なのになぜ寛容なんだろうと以前から不思議に思っていた。

たぶんそれは「匂い」だ。酒を飲むと息が酒臭くなるからすぐ飲んでいることがわかってしまう。ところがドラッグは匂わない。ソハイルのように、ラリったまま街をうろついてもいっこうに気づかれない。もし「ちょっとおかしいな」と疑われても、「いや、何もやってない。少し体調がわるいだけだ」とか言えば済んでしまう。ドラッグのほうが酒より断然バレにくいのだ。

酒の場合、いったんやりだしたらもう屋外には絶対に出られない。誰か他の人間が来ても困る。だから夜更けにこっそりとうちで飲むしかない。

ご機嫌で鼻歌を歌いながら歩くソハイルを見ながら、「やっぱりイスラムの地は酒飲みにとってアウェイなんだな……」とため息をついたのだった。

「パーミットプレイス」に殺到する男たち

午後三時半。私と森はイスラマバードに戻っていた。

あのあと、学生たちと街を歩き、食堂でチキンビリヤニという鶏肉の炊き込みご飯を山ほど食った。ムスリムはただでさえ飯を食うのが早いうえ、彼らは学生だから、それはもうガツガツと食べる。こちらも酒はないし、とにかく食うしかない。競争するように大盛りのビリヤニを平らげてしまった。食い終わるともうすることもない。学生たちと遊ぶのにもさすがに飽きてきたし、夜までこのまま待つのもかったるく、彼らと別れてホテルに戻ったのだ。

私はイライラが募っていた。明日は本当にカブール行きの飛行機が飛ぶんだろうか。もし飛ばなかったらどうするか。アフガニスタン在住の人によれば、「陸路でも大丈夫」とのことだが、それには相棒の森が「危険すぎる」と難色を示していた。「最初に空路で確実に入ってから、大丈夫そうだったら帰りは陸路で行ってもいいんじゃないですか」と言う。それも一理だが、じゃあ、明日も飛ばなかったらどうするのだ。取材時間がなくなってしまうじゃないか。

「高野さん、ビールを買いに行きましょう」。森が珍しくそう言った。私が明らかに不機嫌だからだろう。赤ん坊がぐずったらミルクを、女の子がぐずったらお菓子を与えればいいように、私がぐずったら酒を飲ませるべしと彼は理解したようだ。

昨日フロント係に聞いた「セリーナホテル」を目指してわれわれは出発した。セリーナホテルは、そこへ行けばどんな夢も叶う、いやどんな酒も飲めるガンダーラみたいなところらしい。

歩いても行けるというので、どうせ暇だし、二人でてくてくと歩いていった。

イスラマバードは広大だ。平城京や平安京のように碁盤の目状に区切られたブロックは巨大で一辺が何百メートルもある。通りがかりの人に「三つ目のブロックを右に」と言われても、実はものすごく遠い。

各ブロックの多くは木が植えられ、林と草地が入り交じった公園のようになっている。なぜかその緑地におびただしい数の警官隊がいた。銃を携えている者こそ少ないが、警棒、シールド（盾）、それに防弾チョッキなどを用意している。かなり現実的に起きる可能性の高いデモや暴動に備えているようだが、そのわりには緊張感は皆無で、何百、いや千人を超す数の警官が木立をうろうろしていたり、草地にごろごろ寝そべっている様子は奈良公園の鹿みたいだ。防弾チョッキやシールドもその辺にてきとうにほっぽり出されている。

そして奈良公園の鹿が人間を見つけたときのように人懐っこそうに寄ってきたり、遠くからでも英語で「ハロー！」「元気か！」「どこから来たの？　ジャパン？」と邪気のない笑顔で叫ぶ。

もちろん、もし実際にデモや暴動があれば（実際にこの数日後、アルカイダ系のモスクで大衝突が起こりたくさんの犠牲者が出た。その準備だったかもしれない）、新聞やテレビで猛烈に激しい写真や映像がイヤというほど流れるのだろう。

そこだけ見ると、パキスタン人の「激しさ」や「容赦のなさ」だけが浮き上がるのだが、実情はこのようにゆるい。もっと人間らしい。

日本ならありえないではないか。千人を超える重装備の警官隊がてんでんバラバラにのんびり寝そべっているなんて。

パキスタンでは日本や西欧とはちがった形で個人の自由がちゃんと尊重されているのだ。いや、それ以前に誰も個人を管理しようとしていないのだ。

「こういう部分をマスコミやジャーナリズムは取り上げないからなあ」と嘆息しながらも、私はまったくちがう理由で足どりが重かった。

実は昨日の昼も飯を食いすぎて胃腸が消化不良気味だったのに、連日のヤケ食いで完全に胃がもたれていた。ホテルを出たくらいまではまだ大丈夫だったが、炎天下を一キロ、二キロと歩いているうちに気持ちが悪くなり酒どころじゃなくなっていたのだ。だが森が気をつかって「さあ、高野さん、あっちではおいしいビールが待ってますよ！」と声を励ましてどんどん歩いていくので、今更そんなことも言えない。

二人とも内心「酒なんてどうでもいいのに……」と思いながら、ともに壊れやすい友情のために歩き続けた。

一時間半に及ぶウォーキングの果てにたどり着いたセリーナホテルは要塞のようだった。

超高級ホテルだ。見張台の上に銃を持った兵士が立っている。門には空港と同じくらい厳しいセキュリティチェックがあり、持ち物はX線を通し、体は金属探知機で調べられた。

私はこの時点で、腰がひけていた。くたびれたジーンズにTシャツで入るような場所ではない。しかも中に入って見渡せば、広大な庭に置かれたテーブルや屋内の凝った作りのレストランでも誰ひとりアルコール類を口にしていない。ビールやワインの気配すらない。

しかし、ここでも森が頑張った。

ビシッと黒のスーツで決めている長身のフロント係に「酒はどこにありますか?」といつもの彼の流儀で単刀直入に訊いた。

黒スーツは「酒? ここにはありませんが」と答えたが、森は「ここで入手できると聞いたんだけど」と私たちのホテルの名前を出した。すると黒スーツは「ははん」という表情で言った。「それはパーミットプレイスですね」。

パーミットプレイス、つまり「許可所」とでも訳すのだろうか。特別な場所というほどの意味だろうが、私には「ハーミットプレイス（世捨て人の場所）」と聞こえた。その聞き違いを裏切らないかのように、私たちはホテルの入り組んだ裏道に案内された。

「パーミットプレイスは？」と訊くと、それまでの慇懃な対応が打って変わり従業員たちは「ほら、あっちだ」とアゴで示した。厨房のわきや倉庫の横をうねうねと曲がる。このままどこへ連れて行かれるのか。まさか「注文の多い料理店」みたいな展開にならないだろうな。でも人間はそのまま肉にはなるが酒にはならないはずだし……。

そんなことを考えていたら、パッと少し広いところに出た。

それは異様な場所だった。

上の三分の二が鉄格子になっている五十センチ四方の小さな窓口に、髭面に白い長衣の男たちが殺到している。一度に何人もが札を握った手を鉄格子に突き出し、その横のドアでは支払いを済ませた者が領収書を見せてウイスキーの瓶や、何かの酒瓶が入ったとおぼしき黒いビニール袋を受け取っている。

おお、これが「ドクターゴー」を受けた人たちなのか。医者の勧めを受けただけに気合いの入り方がちがう。

酒を受け取ると男たちはそれを自分の長衣の中にたくしこむ。そして、腹に赤ん坊の代りに酒瓶が入った妊婦みたいな格好で、体をかがめて出口に向かって小走りに走る。みんな車で買いに来ているようだ。車までそのバレバレのカムフラージュ体勢でダッシュする。

どうせ、ここにはドクターゴーの人たちしかいないわけだし、別に今更隠すこともないのだがやはり隠さずにはいられないのか。そして短い距離を懸命に走るのは、心持ちがやましいからか、それとも嬉しくて気がはやるからか。

彼らの姿を見ていたら、自分の中の酒飲み魂がむくむくと蘇ってきた。胃のむかつきを忘れ、窓口へ歩み寄った。壁に価格表が貼ってある。ビールのほか、ジン、ウイスキー、ラム、ウォッカ、ワイン……となんでもある。いろんな病気の人に対応しているのだろうか。

「あんた、どこから来たの？　日本人？」と一人の男が訊いてきた。イエスと答えると、彼は「パキスタンで酒が手に入るのはイスラマバードとカラチだけ。イスラマバードだって、ここともう一ヵ所だけなんだよ」と実に嬉しそうに言う。

「あなたは何が好き？　ビール？　ウイスキー？」。私が訊くと、「何でも好きだけど、やっぱりウイスキーがいちばんだね」。

おおっ、まるっきり普通の酒飲みの会話じゃないか。まさかパキスタン人とこんな会話ができるなんて！

酒を禁じる国に住む酒飲みが、そこだけ酒が手に入る五十センチ四方の穴に殺到しているのだからその激しさは想像できるだろう。しかし外国人＝ゲストをもてなす心を持つ彼らは、私を見ると列をあけ、優先して中へ入れてくれた。

パキスタン人の酒飲みはなんと気高いのだろうか。

思わず胸が熱くなったが、次の瞬間、思いがけない障害に出くわした。

「ビールは十本以上でないと売れない」と窓口のおっさんが言うのだ。

無理だ。今日は飲めても一本が限界だろうし、残りは明日の朝しかない。アフガニスタンも酒類の持ち込みは禁止だ。ビールだろうがウイスキーだろうが、持っていくことはできない。いや、その前に飛行機に缶ビールは持ち込めない。

半ば呆然としてあとずさった。もう俺の仕事は終わったとばかりに後ろのベンチに腰掛けて下を向いている森のところに行き、事情を告げると、森はガバッと顔をあげた。

「買える、買えます！　五本なら買える！」

何のことかと思えば、さっき、森のところに「二人でビール五本ずつ、合わせて十本買わないか」と持ちかけてきた男がいたというのだ。急いでその男のところへ行き、値段交渉。

実は外国人である私も許可証が必要だったらしい。持っていないので、その男に頼むことにした。その分、若干多めに支払うことで交渉は成立した。もしかしたら多少ボラれているかもしれないが、いまやそんなことはどうでもいい。

中級ホテルに泊まれる六百ルピーという大金で、五本の五〇〇ミリリットル缶を手にすることができた。ビールにこんなに苦労したのは初めてのことだ。

「やりましたか？」。森が後ろから声をかけてきた。

「やったよ」

「高野さんの酒への執念には本当に感心します」。森がまるで軍の上官に対するように真剣な顔で言う。

「ああ」。彼の目を見て私は微笑んだ。まだちょっと気持ち悪かったが。

帰りはさすがにタクシーでホテルへ戻った。部屋に落ち着くと、やっぱり全然飲みたくなかったが、プルトップを引っ張り、缶を開けた。

缶には「ｓｉｎｃｅ　１８８６」という英文が記されている。日本の明治維新頃から造られているビールらしいが、飲んでみると、私の胃のせいだけでなく、純粋に味が恐ろしく重くもっさりしている。こんなキレのないビールも珍しい。
ここで一句詠んでみた。

パキ・ビール　重くもっさり　友の味

いや、森には感謝している。そしてパキスタンの学生諸君とドクターゴーの人たちにも。

とあるホテルの窓から望む
ラワルピンディの街並み。
人工的な首都イスラマバードに比べ、
雑多で人々もフレンドリーだった

ラワルピンディのバスターミナルにて、
酒が見つからずイライラする著者

イスラマバードで酒を買いにいく
夕暮れどきに見かけたモスク。
周辺では警官たちがくつろいでいた

インテリ学生三人組。非合法なものを吸っていたので目線を入れたが、いい表情！

三人組の学生の家へ向かう途中の細い路地道。イスラムの伝統的な街は建物が密集していて道が狭く、車などは進入できないことが多い

ようやくアフガニスタンへ

さて、翌日は飛行機がちゃんと飛び、ようやくイスラマバードからアフガニスタンの首都カブールに到着した。緊張に身をこわばらせながら、市内のホテルにチェックインした。

ご存じのようにアフガニスタンは極度に治安が悪い。というより内戦状態にあると言った方がいいかもしれない。

「(二〇〇一年の)米軍侵攻から状況はどんどん悪化している」とこのホテル内に事務所を構える共同通信社の現地記者も語っていた。前政権のタリバンやアルカイダなどのイスラム過激派グループがそこかしこでテロを繰り広げており、「彼らは年々組織化され、強大になっている」とのことだった。

私たちは緊張しつつも、その記者の協力で取材用の車と通訳兼ガイドの手配をし、情報も得ることができた。幸い、謎の動物が出現するというエリアは「昼間、街道沿いを訪ねるなら治安的に問題はない」とのことだった。

明日から始まる取材の準備が整うと、もう日は暮れていた。右も左もわからないカブールの町へ、現地人の案内もなく出かけるのは自重することにした。ちょうど私も森も、パキスタンでのひどい胃もたれが治っていなかったので「今日の晩飯はなし」ということで落ち着いた。

ところが森と別れて自室に入り、ベッドに転がって一息つくと、とたんに酒が飲みたくなった。それまでは酒のことなど、頭に微塵も浮かばなかったのに不思議である。どうも緊張がほぐれると、体がにわかにアルコールを求めるらしい。

「ビールでも飲もうか」。私は部屋を出て、食堂に向かった。

ここは外国人のマスコミや援助関係者御用達のホテルだ。外は分厚くて高いコンクリートの塀で囲まれ、入口には自動小銃を持った制服姿の男たちが睨みをきかせている。ホテルの名前はどこにも掲げられておらず、知らなければ刑務所にしか見えない。

だが一歩中に入るとそこは別世界。ロビーには衛星放送の大型液晶テレビでCNNが流れ、インターネットルームで昨日の巨人・阪神戦の結果もわかり、フロントでは携帯電話が借りられ東京の家族と直接話ができる。朝と夜は食堂でふつうに洋食の料理が食べられるらしい。

アフガニスタンは敬虔なイスラム国家で、一般に酒の入手は困難と聞いていたが、さすがにここならビールくらい置いてあるだろう。緑の芝生の脇にベゴニヤのピンクの花がちまちま咲いている中庭を通りながら私は思った。缶ビール一杯でも飲めば、落ち着いて眠れるはずだ。

食堂にはアフガニスタン人の若い男が一人いた。

「ビールがほしいんだけど」と話しかけると、若い男は丁重な笑みを浮かべて言った。

「いえ、ありません」

「え、ない⁉」。私は耳を疑った。何かの間違いじゃないのか。

「ビール、ないの？」。同じ質問を繰り返すと、若い男は気の毒そうに首を振った。

ずーん、と体が重くなった。私は足を引きずりながら自室に戻り、ベッドに横たわったが、いったん「飲む」と思って飲めない状況は酒飲みにとって耐え難い。空腹時に飯を取り上げられたのと同じくらいのショックがある。

「くそー、なんでビールがないんだよ！」。私はベッドの上でごろごろ寝返りをうった。飲めない辛さを紛らすために、今日の出来事を一つずつ反芻《はんすう》してみた。念願のアフガニスタンに来れたことを素直に喜ぼうと思ったのだ。ところが反芻の結果、重要なことを思い出してしまった。

カブール空港に到着したとき、手荷物の検査はなかった——。

前述したように、私はイスラマバードのセリーナホテルで苦心の末（というか森の努力のおかげで）五本のパキ・ビールを入手することに成功したが、結局飲めたのは一本だけだった。

「アフガニスタンへはアルコールを持ち込むことはできない」という情報をネットで得ていたので、出発当日の朝、涙を飲んでイスラマバードのホテルのフロント係にあげてしまった。

彼も敬虔なムスリムのはずだが、「ビールが余ったんだけど、いる?」と言ったとき、顔をビカッと輝かせ、「いる、いる!」とガクガク首を上下に振った。

ところがである。カブールの空港に着いたとき、入国審査が終わると税関も手荷物検査もなく、するっと外に出てしまった。森はカメラ機材を抱えているし、何かトラブルが起きるのを恐れていたから、そのときは「ラッキー!」と素直に喜んでいたのだが、要するに何もチェックがないならビールでもなんでも持ち込めたということじゃないか。

「くそー、ビール、持ってくればよかった!」。私は足をバタバタさせた。今頃イスラマバードのフロント係が美味そうにビールを飲んでいると思うと悔しさも倍増だ。しかし、それはあくまで結果論だし、何をどう考えてもここにはビールも他のアルコール飲料も存在しないという事実に変わりはない。ため息をつきながら、森にもらった乾燥納豆の袋を取り出した。水を飲みながら、ポリポリかじる。初めて食べるが、乾燥納豆は意外なほど美味い。きっと、ビールのつまみにぴったりだろう。

あーあ。思考はぐるぐる回って、パチンコの玉が最後に真下の穴に吸い込まれるように、全て「ビール」に戻って行く。ここには存在しないビールに。

「しかたない。今日は休肝日だったんだ。そうだったんだ」

そう言い聞かせて無理やり眠るしかなかった。

爆破されていない店を探して

翌日も忙しかった。ガイドと一緒に外務省へ行き、取材許可をとったり、保健省に行って謎の動物の情報を求めて右往左往したりした。

カブールの町は活気にあふれていた。二十年続いた内戦の名残りもなければ、今現在の半内戦状態の気配もない。道路には車があふれ、常に渋滞とクラクションの嵐だ。それだけ見れば、パキスタンの地方都市みたいな感じすらする。

ただ一つだけ、パキスタンとも、他の国の都市ともちがうのは、政府の建物に何も表示がないことだ。外務省も保健省も厳重な塀が巡らされ、入口には銃を構えた兵士がいるだけで、それが何の施設かも見ただけではわからない。私たちのホテルと同じだ。

さらに言えば、地図には私たちのホテルの近くに、アメリカやフランスなど、大使館がいくつも記されているが、その場に行くと門にも建物にも表示が何もない。もちろん国旗も掲げられていない。

要するにそれが何の施設なのかなるべくわかりにくくするというのがセキュリティの一つなのだ。イタリア料理店など、外国人向けのレストランも同様だ。地図には記載されているのに、車で前を通ってもさっぱりわからない。調べれば簡単にわかることなのでそれで爆弾テロや拉致や暗殺が防げるわけでもないだろうが、「誰でも知っている」よりはマシということなのだろう。

これが何よりもカブールの厳しい現実を示している。

私たちは夕方の六時頃、ホテルに戻った。ガイドと車は朝九時から夕方六時までの契約なのだ。

「今日は夕飯食べますよね」。森が言った。「何、食います？」。

「中華がいい」。私は即答した。

「中華？」。森は怪訝な顔をした。私はふだん外国では日本食も中華料理も食べない。そんなものは日本でいくらでも食べられる。現地に行ったら現地のものを食べなければもったいない。それが私の持論だ。だが、世の中には持論よりも大切なものもある。

「あー、今日は絶対中華だ。ビールが飲みたい」

「ビール、ですか……」

すでにさんざん私の酒に悩まされている森は一瞬〝また始まったよ〟という顔をした。

「まあ、ビールはいいんですが……、でも中華じゃなくても酒は飲めると思いますよ。イタリアンとかフレンチとか……」

「ダメだ。そういう店は高い。まだ二日目なんだ。そんなところへ行っている場合じゃない」

そんな高い店に行ってる場合じゃなければ、酒にこだわっている場合でもないだろう！　という森の叫びが以心伝心で聞こえたような気もしたが、私たちは長い付き合いである。そんなものは無視して中華料理屋に繰り出すことにした。

ガイドブックの地図ページを開くと、中華料理屋が一軒だけあった。だが通りの名前が書いてない。フロント係の若者に「これはどこ？」と訊いてみた。

万事にテキパキとして英語も達者な若者はガイドブックをのぞき込むと、あっさり言った。

「あ、この店、もうないよ。半年前にテロで爆破された」

「爆破!?」。私たちは呆気にとられた。

いったいどういうことなのだ。官公庁や外国大使館や外国人用ホテルならまだしも、一介の中華料理屋が爆破されるなんて。

アフガニスタンに侵攻してタリバン政権を倒したのはアメリカだし、それ以後、今に至るまで国を仕切っているのは欧米の軍隊が中心をなす多国籍軍だから欧米人が狙われるのは理解できるが、中国は今回の一件には何も関与していない。ましてや単なるレストランだ。それとも外国人が関係しているものは反政府のイスラム過激派にとって全て「悪」なのだろうか。

私たちは二人とも動揺したが、ニュアンスは若干ちがっていた。森は明らかに「爆破」に衝撃を受けていたが、私はどちらかというと爆破の結果として「店がない」というのにショックを感じていた。「店がない」とは「ビールが飲めない」を意味する。

「他に中華料理屋はないの？」。私はフロントのカウンターに肘をつき、ぐいと身を乗り出した。

「うーん」と二、三秒上を見て考えていた若者は手をパンと叩いた。

「あ、もう一軒ある」

自分はそこに行ったことはないが、ここの宿泊客がよく行くので住所は知っている――。そう説明しながら、彼は素早く書類をめくって店の住所を調べ、それをアフガニスタンの公用語であるダリ語で私のメモ帳に書いてくれた。

「これをタクシーの運転手に見せればわかるはずだ」

よかった！　一時はどうなることかと思ったが、これで間違いなく今日はビールにありつける。

私たちは――というより「私は」だが――意気揚々とホテルをあとにした。

フロント係のアドバイスに従い、ホテルの入口に詰めている警備の人たちに頼むと、彼らの一人が通りに出て、タクシーを呼んできてくれた。ふさふさの顎髭をたくわえた痩せぎすの運転手は英語がわからなかったが（カブールのタクシー運転手はたいてい英語が通じない）、メモの住所を見せると「××（わかった）」とダリ語で言った。

ガイドなしで、つまり私たちだけで町へ出るのはこれが初めてだ。いささか緊張もするが、わくわくもする。目的地にビールが待っていると思えばなおさらだ。

五月の終わりなので六時過ぎでもまだ外はふつうに明るい。

二十年くらい前に生産されたとおぼしきカローラはでこぼこだらけの道路状況を忠実に報告するかのように、大きく小さく、右に左にガタガタ、ガクガク揺れる。前の車の巻き上げる土ぼこりが窓から容赦なく入ってくる。

アフガニスタンは土地が乾燥している。前回いつ雨が降ったのか見当もつかないほどだ。ただでさえ丸一日、町をうろついていたので、相当汗をかいていたうえ、森はともかく私は来るべきビールの感動を高めるため、ホテルに戻ってからも水を飲まないで我慢していた。喉の渇きは頂点に達しようとしていた。

タクシーはしかし、順調ではなかった。揺れるだけでなく、どう見ても、同じ所をぐるぐる回っている。よくわからないらしい。運転手はときどき窓から顔を出し、道行く人を大声で呼び止め、場所を訊いている。そして「あー、わかった。ありがとう」と礼を言って再びスタートするのだが、しばらく行くと、またそれを繰り返している。

こんなことは外国では別に珍しくないが、それにしても、あまりに回数が多い。しかも狭い地域で右往左往している。

「また爆破されたんじゃないか」と心配になった頃、車は人通りのない狭い道に入っていった。運転手は初めて車から降りて、民家の庭先に立っている人に話しかけた。民家の人は何か指差している。

運転手は戻ってきて、「ここだ。降りろ」というふうに合図した。

どこにも店らしきものが見当たらないが、私たちは怪訝な顔のまま彼にしたがった。

「ここだ」と運転手は足を止めた。

「ここ⁉」。今度こそ真剣に驚いた。

二メートルくらいの鉄の壁が長く続いていた。「鉄」といっても、頑丈なものではない。よく日本の下町の工場を囲んでいるような、叩けばバンバンと安っぽい音がしそうな、トタン板に近いものだ。その壁の間に、同じくトタン板の勝手口みたいな小さい扉があった。

「これはないだろう」。私は思った。

いくらカブールの施設や飲食店がセキュリティのために看板も出さず、周囲を塀で囲うといっても、こんな安っぽい作りはありえない。だいたい門番も警備員もいない。

でも運転手がしきりに頷くので、扉を叩いてみた。案の定、バンバンと安っぽい音が響いた。

しばらく何の反応もなく、もう一度叩こうとしたら、扉のちょうど目くらいのところが、郵便受けのように細長くパカッと開いた。向こうから二つの目がじっとこちらを見ている。

まるでかつて放送されていたラークのタバコＣＭのようだ。カウボーイハットを被った男がドアをノックすると、パカッとのぞき窓が開く。男が「スピークラーク」と言うと、扉が開く。つまり「ラーク」が合言葉なんですよ、というＣＭなのだ。まさか、実際にこんなのぞき窓があるとは思わなかった。

内戦の国にカラオケバー!?

扉の向こうにいる人物は女性のようだ。しかもアフガニスタン人ではない。おそらく中国人だろう。ということは本当にここは中華料理屋なのか。だが、それにしては相手の目は警戒心に満ち満ちている。同じ東アジア系の人間を見てどうしてそんなに警戒するのだろう。

「你好《ニィハオ》」。私は中国語で話しかけた。「ここ、料理屋?」。

「あ? なに?」と女性は眉間にシワを寄せて訊き返した。でも、たしかに中国語だ。

「あんた、何がほしいの?」

「啤酒《ピージュウ》(ビール)」。私も厳しい視線で答えた。

パタンとのぞき窓が閉じ、ギーッと扉が開いた。まるっきり「スピークラーク」と同じ展開だ。ビールが合言葉だったたってことか。

扉の向こうには背の低い、小太りのおばさんが立っていた。いかにも中国の田舎町にいそうな、垢抜けない服を着たサンダル履きのおばさんだ。

「入りなさい」と言うので扉をくぐって驚いた。ほとんど空き地かと思われるくらい何もない、木が数本、草がぼそぼそ景気悪く生えた庭が広がっている。おばさんはにこりともしないまま、スタスタ歩き出した。庭の片隅に小さな木造の民家があった。石造りの家ばかりのアフガニスタンにはない建物だ。しかもやはり店には見えない。

棕櫚《しゅろ》の木の木陰を通ると、めでたい言葉が書き連ねられた中国の赤い「対聯《ついれん》」が扉の両側に張られているのが見えた。民家の玄関口のようだ。

いまだまったくわけのわからないまま、一歩中に足を踏み入れた。

「うわっ、何だ、こりゃ！」。私は仰天した。

「ええっ、マジ⁉」。背後で森も低くうめいた。

木の大きなテーブル、それを取り巻く安っぽいが大きなソファ、何十本ものボトルが煌めくバーカウンター、そして天井にはミラーボールが昼の光を浴びて居心地悪そうに光っていた。

中国やタイの地方都市で見たことのあるカラオケバーそのままだ。

しかも奥の部屋からはジャラジャラと麻雀牌をかき回す音が聞こえてくる。あの大きな音は日本の麻雀牌ではなく、中国の牌だ。おばさんが何か大声で怒鳴ると、牌の音がピタッと止まり、どやどやと女の子たちが現れた。

ピンク、黄色、真っ赤……、「ザ・化繊」と言いたくなる原色の、極端に露出度の高いワンピースを着て、べったりと口紅とファンデーションを塗りたくった中国人の女の子たちだった。

私は森と顔を見合わせた。

「こういうことだったのか……」

全ての謎が一瞬にして解けた。ここは「置屋」、つまり売春宿を兼ねたアジア式カラオケバーなのだ。だから「やり手婆」のおばさんはあんなに警戒したのだ。こんなところに明るいうちにやってくる客など普通いない。「ビールを飲みたい」と言ったからやっと納得したのだろう。さらに中華料理屋がテロの対象になった理由も明々白々だ。ふつうの女性の接客業も認めないイスラム過激派が売春宿を許すわけがない。

私はしばし戸惑ったが、とにかく酒があるのは間違いない。ソファに腰を下ろし、「ビールを二本」と注文した。

「何か食べるもの、ある?」と訊くと、おばさんはまた面食らったように「面条(麺)」と答えた。こんなところで麺というのも変な話だが、まあいい。

「どんな麺があるの?」と再度尋ねたら、森がぴょんと立ち上がった。

「僕、ちょっと厨房を見てきます」

森はびっくりしているおばさんの脇をすり抜け、裏口のほうに入ってしまった。きっと、ここでこんな振舞いをする客は初めてなのだろう。

どこからともなく中年の男（これも中国人）が現れ、私の前にハイネケンの三五〇ミリリットル缶を二つ、ポンと置いた。

これだ、これ！

素早くプルトップを開けると、プシュッという感動的な音がした。なんて素敵な音だろう。缶を口にあてると、冷えた液体が喉をつつーと流れて、胃に落ちて行く。一気に三口ばかり飲み、ふーっと息を吐き出した。

「美味い！」

ビールを飲むのは二日ぶりだ。大したことのないようだが、年に一回しか休肝日のない男には実に久しぶりという感じがする。ましてや冷えたビールとなれば四日ぶりだ。凝り固まった身も心もゆるゆる解けていく気がする。

が、完全にはリラックスできない。なぜならピンクと黄色のワンピースを着た二人が私を挟み込むように両側に座り、こっちに体を押し付けているからだった。

——うーむ、なんて邪魔くさいんだろう……。

二人ともまだ二十歳そこそこだろう。太ももも胸もワンピースが弾け飛びそうなくらい張っていたが、色気はまるでなく、詩人の金子光晴が言うところの「うんこの太そうな女」だった。

「あんた、中国人?」。ピンクの子が訊く。

「日本人だよ。あんたは?」。私はぶっきらぼうに言った。

「中国よ」

「そんなことはわかってる。中国のどこだ?」

「大連」。女の子は私に負けず劣らずのぶっきらぼうな口調で答えた。

「大連!」

驚いてしまった。私は若い頃、大連鉄道学院という大学に四ヵ月ほど留学したことがあるのだ。しかもその大学で素晴らしい先生に巡り合い、人生に大きな影響も受けたのだ。

だが、その大学の名前を出しても娘の反応は鈍かった。「あー、知ってる」と言うだけだ。まあ、そりゃそうかもしれない。町の娘がこんなところで体を売っているわけがない。いちばん近い都会が大連というだけで、農村の出身に決まっている。

「ここの老板《ラオバン》(オーナー)が大連の人なのよ」と娘は言った。

それはそれは。まさかアフガニスタンくんだりまで来て、ビールを追い求めて大連人の店にたどり着くとは思わなかった。

「君は？」。右隣の黄色の子に訊くと、こちらは「上海」という。もちろん、上海の近くの農村ということだろう。

「君たちはいろんな国で仕事をしているの？」。私が訊くと、娘たちは首を振った。

「ううん、外国に来たのはここが初めて」

「もう長いの？」

「三ヵ月前に来たばかりよ」

すごい話だ。彼女たちは生まれて初めての外国がアフガニスタンなのだ。きっとどのくらい遠い国かも知らないだろうし、どういう状態にあるのかも知らないだろう。二人とも肌がなまっちろい。日の光に当たっていないという感じだ。この建物に引きこもり、外には出ないのだろう。

あの中年男とおばさんが夫婦で経営しているらしいが、よくこんなところまで来て、こんな商売をするもんだ。多国籍軍並みに危険度が高い仕事でありながら、門番の一人も置いていないのだ。

ビールを飲みながら、おしゃべりをした。お客でいちばん多いのは「日本人の会社員」だそうである。カブールに日本企業などないので、おそらくはあのホテルにたくさんいる援助関係者かマスコミの人間だと想像された。

この町に外国人が住むということは塀と塀の間を車で行き来するだけで、ひじょうにストレスがたまる。カラオケにしろ、女にしろ、他にはなさそうだ。それにここなら酒が飲み放題である。私だって長期滞在したらきっと頻繁に通うだろう。

「そんなことより早くカラオケやろうよ」とピンクの子が言う。

「日本の歌もあるよ」と黄色の子も口を揃える。

「いいよ、カラオケは」

「じゃあ、何するの？」

「これがあれば十分。他に何もいらない」。私はハイネケンの緑の缶をとりあげ、飲み干した。

「これ、おかわり！」。中年男に大声で言った。

娘二人は顔を見合わせ、「これはどうしようもない」という目でため息をつくと、奥の部屋に帰っていった。すぐにまたジャラジャラという麻雀牌の音と、キャハハハという嬌声が聞こえてきた。なんだか、自分が『紅楼夢』や『水滸伝』に出てくるような昔の中国の芸者宿に迷い込んだような気がした。

森が帰ってきた。

「いちおう、大丈夫でした」と森は言った。

「何が？」

「いえ、別に怪しい人間もいなかったので……」

厨房で直接食材をチェックして料理を注文したうえ、万一に備えて、この家のあちこちをのぞいて回ったという。

そうか！　と目から鱗が落ちる思いだった。私はビールを飲むことしか頭になく、ここが安全な場所かどうかなど考えもしなかった。

「よくこんなところでこんな商売する度胸があるな」と感心していたが、その前に「こんなところで酒なんか飲んでいいのか」という心配を先にすべきだったのだ。危険を顧みないほど儲かる商売を行っている店の可能性だってあるのだ。娘たちのゲラゲラ笑う声が不気味になってきた。

よくよく考えれば、ビールの値段も確かめていない。料理も森がてきとうに注文しただけらしい。あとで面倒なことにならなければいいが……。

そうこうしているうちに、おばさんが料理を運んできた。卵とトマトの入った麺、ナスとピーマンの炒め物、それにインゲンと牛肉の豆板醤炒めである。

見掛けはパッとしないが箸をつけて驚いた。どれも美味い。劇的に美味い。日本のふつうの中華料理店よりも美味い——というより、これは「本場」の中国の飯だ。

理由は簡単。麵だけは森があれこれ注文をつけたが、他の二品は作り置きを温め直したただけらしい。つまり「賄い飯」なのだ。

まだ時間が早いから客用の料理の準備をしていなかったのか、もともとここは料理など出す店ではないのかわからないが、とにかく一つだけ言えるのは、これほどビールに合う飯はないってことだ。まさか、アフガニスタンで本物の中華とビールの黄金コンビに出合うとは。私の運も捨てたものではない。あとは最後の難関だけだ。

私たちはたらふく食うと、荷物を持って席を立ち、バーカウンターのところにいる中年男に「お勘定！」と言った。

無表情な男は平坦な声で「二十五ドル」と告げた。

「高い！」。私は間髪入れずに怒鳴った。ビールのおかげで強気になっていた。

「じゃあ、いくらだ？」。向こうが問い返す。

「十ドル」

「十五ドルでどうだ？」

「じゃあ、十二ドル」

「オーケー」

私は札を取り出しカウンターに置いた。男は黙って頷いた。

食い終わってから料金交渉する料理屋は珍しい。大幅ディスカウントに応じる店も。

この店が良心的なのかそうでないのかもわからないまま、私たちは店を出た。外はまだうっすらと光が残っている。塀ごしにアフガニスタンのゴツゴツした岩山が見えた。麻雀牌のジャラジャラいう音と娘たちの笑い声がまだ聞こえる。

俺はいったい、今どこにいるんだろう。

ほろ酔いの私は、まるで夢を見ているような気持ちになった。

カブール市内。道は埃っぽく茶色くくすんでいる。空港から市内へ向かう幹線道路で、あろうことか並走する米軍兵士に（アフガン人と思われたのか）銃を向けられる一幕も

外務省内の一室。ここにはカルザイ大統領の肖像写真が

カブール近郊、サライホジャの警察署。今は亡き国民的英雄マスード将軍の肖像画が掲げられている

桑の実を売る少年。一粒が大きく甘い。荒涼としたイメージのアフガニスタンだが、カブール近郊には水と緑の瑞々しい村が点在している

第2章

酔っ払い砂漠のオアシス

――チュニジア

Tunisia

オアシスの酔っ払い

私は酒飲みである。休肝日はまだない。

本格的に酒を飲み出したのは意外に遅く、三十歳を過ぎてから。ゴールデントライアングルの核心部で取材中、うっかりアヘン中毒になってしまい、それから脱出するため、つまり禁断症状を耐えるために酒をのべつまくなしに飲むようになった。

結婚してからは、昼間から飲むのを妻に禁じられ、アル中状態からは立ち直ったが、妻もけっこうな酒好きのため、アル中一歩手前でとどまったままだ。

その妻が「一度、砂漠に行ってみたい」と言うので、北アフリカのチュニジアに出かけた。二〇〇八年のことである。チュニジアはその昔、ローマと地中海の覇権を争ったカルタゴ王国が栄え、今でも有名な遺跡があちこちに残っている――なんてことはどうでもいい。私がチュニジアを選んだ理由はただ一つ。

「酒が手に入りやすい」。これに尽きる。

チュニジアは、リビアとアルジェリアという二つのちょっと問題ある大国の間に楔《くさび》のように打ち込まれた小さな国だ。「旧フランス植民地の優等生」と呼ばれるだけあり、イスラム復興主義を極力避け、フランスを始めとする西側諸国と親密な関係を保っている。

おかげで酒にも寛容だ。酒がふつうに入手できるだけでなく、ワインや「ブッハ」というイチジクから造る蒸留酒、アニス酒など、酒の生産、輸出も行っている。イスラム圏で他に酒を輸出している国は、チュニジアの他はモロッコくらいしかないんじゃないか。しかもモロッコは国内ではあまりワインが飲まれないという。かたや、チュニジアではわりとふつうに酒が国民の間で飲まれているらしい。

「ボクが子供の頃、ブッハのせいで、よく唇がギザギザになったおじさんがいたね」

と東京在住のチュニジア人、モンデールさんは言っていた。

ブッハはアルコール度数四十度のスピリッツで、とにかく安くて、すぐ酔えることから、金のない酒飲み御用達だったという。日本で言えば、昔の「さつま白波」みたいなもんだろう。ブッハは安酒なので、瓶も古いものを際限なく使い回ししていたから、瓶の口が傷だらけ。「酒飲みはそれをラッパ飲みするから、よく口が切れちゃう。だから唇がギザギザ。誰が見てもすぐわかる」とモンデールさんは笑った。

心温まるいい話――かどうかわからないが、なぜか私は自分より酒に固執している人の話を聞くとホッとする。

もっとも今、チュニジアの酒飲みはブッハを飲まないという。

「最近、ブッハはドイツで大人気。そのせいでチュニジアでも値段がすごく上がっちゃった。だから、普通の人はワインとかビールを飲んでるよ」

ふーん、そうなのか。でも別に全然いいじゃないか。庶民がふつうにワインを飲む。また楽しからずや、だ。


かくして、勇躍してチュニジアにやってきた私たちだったが、どうも何かちがうのである。たしかに他のイスラム圏と比べるとずっと酒は飲みやすい。いつもは「酒はねぇがぁ～！」「酒をもってる子はいねがぁ～！」と秋田のナマハゲみたいな人間離れした執念で酒を探すが、ここではそんな必要はない。

実際、首都チュニスに来てから、毎食酒を飲んでいる。着いた初日は、日本から持ってきた赤ワインでドネルケバブ（焼肉サンド）を流し込んだし、夜はちゃんとしたレストランでビールとワインを堪能。さらに翌日の昼は十一時半から小ぎれいなフレンチレストランで、血の滴る仔牛のステーキに冷えたロゼ・ワインと洒落込んだ。

「うーん、やっぱりチュニジアはロゼだね」。私は得意気に言った。

チュニジアはロゼ・ワインが有名だ。理由は気候が暑いから。ふつう、赤ワインは常温で出されるが、ヨーロッパでいう「常温」とは一五度程度。ところがここでは夏になれば気温が三〇度、下手すると四〇度にもなる。常温ではお湯になってしまう。でも赤ワインを冷やすと、味も香りも死んでしまうので避けたい。いっぽう、白ワインなら冷やして飲めるのだが、白は味が弱い。魚料理には合うが、肉料理には合わない。そこで、白の冷やして飲む美味さに赤の力強さをあわせたロゼが発展したのだ……。

にわかワイン通と化した私は、モンデールさんに聞いた話をそのまんま、得々と語った。妻は日本でもそうであるように、私の話を聞き流して淡々とグラスを空けていた。「おいしい」とは言うものの、今ひとつノリが悪い。

まあ、日本ではレトルトカレーを温めずに食っている男に、地中海まで来てワインの薀蓄《うんちく》を語られたらノリも悪くなって当然だが、どうやらそういうことではないようだ。というのも実は私も違和感をおぼえていたからだ。

こう言ってはなんだが、ワインが思ったほど美味くない。いや、美味いことは美味いのだけど、いつものように、アルコールが血管をくまなく回り、体がふつふつと温かくなるような幸福感がやってこない。

やっぱり地元の人たちと楽しく飲めないからかなと思った。

イスラム圏ではいつも「酒を求めれば求めるほど現地から離れる」という法則に悩まされる。酒は高級ホテルか高級レストランでしか供されないことが多い。外国人や上流階級の人間しかそこにはいない。酔っ払いがわいわいがやがやと楽しくやるような雰囲気がない。それが庶民派というより実際に庶民である私たちには堅苦しい。もっと開放感あふれる楽しい飲み屋がないものか。

「チュニジアには酒飲みはいるけど、酔っ払いはいない」とモンデールさんが断言していたから、あまり期待はできそうにない。でも彼はたしか、「お金のない人が行く居酒屋みたいなバーもあることはある」と言っていた。ただ「ボクは行ったことない。あまり普通の人、行かないね……」と奥歯に物が挟まったような口ぶりだった。

翌日は日曜日。午後は部屋にいても閉口するくらい暑く、かといってたいていの店は閉まっているので、「居酒屋を探して飲もう」ということになった。カンカンと音を立てて降ってくるような日差しを我慢して路地裏をうろついていたら、妻が「あ、これ、そうじゃないの」と指差した。

見ると、一軒だけ、三十センチほど扉を開けた店がある。中はもうもうたる煙で、口髭を生やした濃いオヤジたちでぎっしり。

家庭をほっぽり出しているのか、家庭からほっぽり出されているのか、あるいはそもそも家庭などないのか、とにかく見るからに〝不良オヤジ〟という風体の男たちがテレビのサッカー中継を見ながら、どんよりと溜まっている。テーブルの上には泡の消えた飲みかけのビール。

「これは……」と立ちすくんでしまった。

とても妻を連れて入る場所じゃない。公衆便所の「男」に女子を連れて行くようなものだ。咎《とが》められはしまいが好奇の眼差しだけでは済まないだろう。

だいたい、私ひとりでも入る気がしない。オヤジたちはサッカーのプレイに歓声をあげるほかはさして楽しくもなさそうだ。少なくとも開放感ゼロである。

「オヤジの海だねえ」と妻が的確な表現をした。たしかにこんなところに入ったら、即、溺れ死んでしまう。

しかたなく、またひとしきり歩き回り、結局あるホテルのテラスにあるバーで生ビールを飲んだ。

「美味い！」と口では言っているのに、爽快感がない。心のどこかで「あれ？」と思っている。

二人してだんだん会話もなくなり、すごすごと宿泊先のホテルに戻った。ベッドに寝そべり、やがて日が暮れたが、二人とも食欲が湧かない。胃腸がもたれている。体調が悪いんだろうか。

「酒を飲めば治るんだけどな。酒を飲む気がしない……」。私がつぶやくと、妻が「わかった！」と叫んだ。

「あたしたち、飲みすぎなのよ！」

「飲みすぎ⁉」

あまりに意外な指摘にきょとんとしてしまったが、言われてみればもっともである。私たちはチュニジアに着いてから酒ばかり飲んでいる。しかも午前十一時でも午後四時でも、空腹でも満腹でもかまわず飲んでいる。

ここでも酒はいつでもどこでも飲めるわけではない。だから飲めるチャンスがあれば、とにかく飲んでおこうと思ってしまうのだ。寂れた田舎を車で走っているときガソリンスタンドを見つけたら「とりあえず少しでもガソリンを入れておこう」と思うのと一緒だ。大減量に成功した評論家の岡田斗司夫も肥満時代を振り返って「当時は空腹感を感じたことがなかった。少しでも腹に入る余裕があればすぐに何か食べていた」と語っている。

うーん、なんという愚かさだろう。私たちはチュニジアに来てから「酒への渇き」を感じたことがなかったのだ。なにしろ渇きを覚える前に酒を補充していたのだから。

酒への妄執、恐るべしである。

「酒はもういいや」と砂漠へ

翌日、私たちはバスに乗り、内陸部の町トズールを目指した。

イスラム圏は概してそうだが、海岸部より開発が遅れた内陸部の人たちはイスラム保守派が多く、酒も入手しにくい。特に牧畜民が住む砂漠地帯はそうで、チュニジアも例外ではない。

なので、できるだけ後回しにしたかったのだが、いまやそっちの方が酒の呪縛から抜け出すためにはいいだろう。というより、もともと「砂漠に行きたい」と妻が言うからチュニジアに来たのだ。本末転倒もいいところだ。

チュニスを離れると風景は一変した。瀟洒《しょうしゃ》な白い洋風の家や石畳の道は影も形もなく、荒涼とした土地がえんえんとつづく。ときどき、オリーブ林が整然と植えられ、周囲を柵代わりにサボテンが取り囲んでいるというのが唯一のアクセントだ。

通過する町はどれも小さい。薄茶色の四角い箱みたいな家が並んでいるだけだ。見ているだけで喉が渇きそうなほど湿り気も愛想もない。

さらに進むと、完全な荒野になった。もうオリーブやサボテンすら見当たらない。二度ほど羊の群れを、一度だけラクダの群れを見かけただけである。

午後六時すぎ、荒野の真っ只中に唐突に集落が出現した。目的地のトズールだった。

あちこちにヤシが固まってわさわさ生えている林が見える。

「ほら、オアシスだ」と隣に座っていた地元出身の青年がフランス語で言った。どうもこちらのフランス語ではヤシ林を「オアシス」と呼ぶらしい。こんもりした緑色を見るだけで、心が潤う気がする。「島みたい」と妻は言った。たしかに茶色の荒地に浮かぶ緑の島のようだ。砂漠にオアシス。この言葉をズンと深く実感してしまう。

ホテル探しは容易だった。七月の今、ここはオフシーズンである。日中の気温は軽く四〇度を超す。暑すぎるのだ。

妻が先にシャワーを浴びに行き、することがないので、チュニスで買って残っていた赤ワインを取り出した。七時近くなっても暑さが抜けない。頭が朦朧としながら、ほとんど本能でワインをちびちび舐めた。

妻が顔を出し、「あれ、飲んでるの?」と言う。抜け駆けで飲んで叱られるかと首をすくめたが、彼女は「よくこんな喉が渇いた状態でワインが飲めるね」と呆れただけだった。言われてみれば、たしかにさっぱり美味くない。また条件反射で飲んでしまった。冷たい水でも飲んだ方がよほど美味い。

そう言いつつ、夕食を食べる段になり、私が選ぼうとしたのはまたもや酒を出すレストラン。今日は朝から酒を飲んでいない。さっきもお猪口一杯程度舐めただけだ。今晩こそ美味い酒が飲めるにちがいないと主張したのだが、妻に却下された。

「あたしたちの体が今求めてるのは酒じゃないのよ。チュニジアの人がふつうに食べているご飯を食べようよ」

意見が分かれたとき、それが東京でも旅先でも妻がいつも正しいとわかっている。やむなく従い、ゲストハウスに隣接する食堂に入った。ごく普通の庶民飯を出す店だ。

これが驚くほど美味かった。

チュニジアの一般の食堂らしく酒は置いていないので、ノンアルコールビールを頼んだのだが、乾燥がひどいせいかやけに美味い。冷えた炭酸が喉にきゅっときて、うっかり酔っ払いそうだ。

ビールはベルベルショルバという熱々のスープと合わせるとなおよい。「暑いときに冷たいものをガブガブ飲むのはよくない」と子供のとき読んだ野球入門の本で王貞治も言っていたが、ハーブの効いた熱いスープで胃の中がリラックスする。

さらにブーニャ（インゲン豆と羊の煮込み）、スパイシーなベルベルピザ、そしてトドメはチュニジア式壺焼きカレーともいうべき「クーシャ」。まんまるのトマト、じゃがいも、ピーマン、ニンニク、骨付き羊肉が、フォークで突《つ》くと突いた先からほろほろとくずれるように柔らかく煮込まれ、口に入れても胃におさまってもカッカと熱を持ち、新しい味を発散させているようだ。

食事が終わり、最後に摘みたてとおぼしきミントの葉が入ったミントティーを飲むとすっきり爽快。「食ったァ」と叫びたいような気分だ。

「完璧に満足したよ」。私が言うと、「体が求めていたのはこういうものだったのよ」と妻も頷いた。

酒を出すレストランにはこういう野菜がたくさん入った日常の料理がないのだ。いつもこてことした肉料理ばかり食っていた。それも体が疲れていた原因だろう。

「やっと酒の呪縛から解放されたんじゃないの」。妻が言う。

うん、と私は静かに頷いた。自分の中で何かが変わった。なにしろ酒なしの食事で完璧に満足したなんてここ十年で初めてなのだ。これからイスラム圏の旅行が劇的に変わる予感がした。酒にこだわらない素敵な旅が待っている……。

ムハンマドの教えがやっとわかったような気がした、その直後である。

思いもかけぬ展開が私たちを待ち受けていた。

オアシス・バーで遭遇した人々とは？

会計をして、外に出た。時計は午後九時だが、やっと日暮れだった。

妻が「馬の写真を撮りたい」と言うので、ホテルの向かいにある「カレーシュ」乗り場に歩いていった。この町にはカレーシュと呼ばれる馬車が走っている。昔は重要な交通機関だったようだが、今はほぼ観光用だ。日中は「ハロー！」「コニチワ！」というオヤジたちのだみ声がうるさくて近寄る気力も湧かないが、さすがにこの時間になると馬車は姿を消していた。なぜか馬が一頭だけ、残されていた。

いいところだった。「清流」と呼びたくなる透き通った小川がさらさらと流れ、向こうには「オアシス」、つまりナツメヤシの林が広がっている。かつて通ったコンゴ辺りの森のような雰囲気で心が和む。

「昔、砂漠からオアシスにたどりついた人たちは、そこから出たくなかったろうね」と妻がしみじみと言う。「あの手この手を使って、なんとかオアシスにしがみついたと思うよ」。

私はムハンマドを思い出した。彼はオアシスの町で、十五歳年上の女性と結婚し、大商人の婿におさまった。それが彼の成功の始まりだったのだ。もっともその後、戦いのためにあえて砂漠に乗り出したわけだが……。

そんなことをしゃべりつつ、ヤシ林の中に足を踏み入れた。中に入るとヤシがびっしりと生えていて、林というより森だった。真っ暗な夜の森だ。

森は田んぼそっくりに四角く区切られていた。水を逃さない工夫なのだろう。畦道《あぜみち》もちゃんとある。その畦道が白く浮き上がるのをたどっていったら行き止まりになった。

森の奥から複数の男たちの声が聞こえてきた。

こんな夜更けに林の中で何をやっているんだろう。よからぬことに巻き込まれそうな予感がして、急いで引き返そうとしたとき、ガサッという音とともに、不意に横から若い男が「ボンジュール！」と飛び出してきた。うしろにもう二人いる。

もう暗くて顔もよくわからないが、若者は別に怪しい奴じゃなさそうで、「フランス語は話せるか」「どこから来たのか」といたって明るい調子で話しかけてくる。ちゃんと教育を受けているらしく、フランス語の発音もきちんとしている。が、きちんとしているのにどうも通じが悪い。何かずれている。向こうはこっちの名前を訊くくせに、こっちが名前を訊いても、わざとなのか何なのか返事をしない。不審である。

「一緒に来いよ」と若い男が突然、森の奥に誘った。この時間に森の奥へ行く？　どうかしてるぞ。

「何をしてるんだ？」と訊くと、若者は「ベルベルウイスキー」とつぶやいた。

え、酒？

ハッと目が覚める思いだ。

「それは酒なのか？」「どこでどうやって造ってるんだ？」と質問を浴びせるが、若者は「水とナツメヤシをミックスさせる」とか「ボトルがある」などとまたずれた答えをし、要領を得ない。だが、このどうにも要領を得ない会話こそ彼が酔っ払いの印《しるし》にも思え、もう暗くてまったく見えない彼の顔に自分の顔を近づけると、印どころかもろに酒臭かった。

おおっ、こんなところに酒があるのか！

ためらいつつも、真っ暗な森の中を見知らぬ男たちについていった。やみくもに人のあとについていって痛い目に遭ったことは何度もあるが、面白い目に出合ったことも何度もある。結果はついていってみなければわからない。

若者たちの慣れた足取りを追っていくと、大勢の男たちが車座というには大いに乱れた様子でたむろしていた。タバコの火で人数と居場所がわかる。十二、三人はいるだろうか。

「ここが僕たちのバーだ」。若者は芝居がかった口調で言った。

ベルベルウイスキーとは何だろうか。私の頭はそれでいっぱいだった。「ベルベル」とは本来、北アフリカの先住民族のことだが、チュニジアでは「ベルベルピザ」とか「ベルベルソース」みたいに〝地元〟とか〝田舎〟の意味でよく使う。日本ならさしずめ「田舎（そば）」とか「地（魚）」といったところで、ならばベルベルウイスキーは「田舎酒」「地酒」ということだ。

何だろう、チュニジアの砂漠地帯の地酒とは。むちゃくちゃ気になる。

ボトル一本、十チュニジア・ディナールだという。ボトルの大きさがわからないし、高いのか安いのかも不明だが、そんなことはどうでもいい。もどかしく二十ディナール札を若者に渡した。この時点でやっと若者の名前がマロワンだとわかった。

闇の中から二リットル入りの水のペットボトルがどかんと顔の前に突き出された。中に液体が入っているということしかわからない。闇鍋ならぬ闇酒だ。ボトルに口をつけて、ガッとラッパ飲みした。

ツーンと青い香りが口にひろがった。そして、甘酸っぱく、しゅわしゅわとした発泡。韓国のマッコリやカルピスサワーにも似ているが、もっと野性味があり、酸味も強い。

「おっ、これ、ヤシ酒だよ!」。傍らの妻に叫んだ。

コンゴでさんざん飲み、その後ミャンマーでも何度か飲んだことのあるヤシ酒である。味は薄くて、お世辞にもよい出来とはいえないが紛れもないヤシ酒。チュニジアで求めても得られなかった、血流にアルコールがめぐる幸福感が体からふつふつと湧き上がってきた。こんなところでこんなもんに出合うとは。まさに砂漠にオアシス。

せっかく酒の呪縛から解放されたと思ったのに逆戻りだ。

ヤシの森の中は暑かった。表情の見えない、でも大声で何かぎゃーぎゃーわめいている男たちに取り囲まれて緊張もしていた。汗がだらだらと滴る。だが、そこは何しろ、気を強く持ちたいときに最強の味方がある。私はボトルの酒をゴボゴボ飲んだ。マロワンが私たちを紹介したらしく、「わーっ！」という声がする。歓迎しているのか、ただ酔っ払っているのかは不明だ。

写真を撮りたいと思ったが、いきなり撮影するのはためらわれた。わざわざこんな夜更けに、ライトもつけずに酒盛りをしているのだから、間違いなく違法だろう。

「誰がここのシェフなんだ？」と訊いてみた。

シェフは「ボス」の意味で、フランス語圏のアフリカではとにかくまず、シェフに話を通さなければならない。

男が引っ張ってこられて（といっても誰が誰だかもわからないのだが）、写真撮影について訊くと「オーケー、オーケー！」と答えたが、今この人に何を訊いてもきっと全部オーケーと言いそうな勢いだ。

面倒くさくなり、いちばん盛り上がっている場所を狙ってシャッターを切ると、フラッシュに男たちはどよめいた。

ぎゃははは、うひょひょひょ、どははは。

喜んでいる。というより、受けまくりだ。

次から次へと人が来て「オレを撮れ」「オレと一緒に写れ」と撮影大会に突入した。

めちゃくちゃに盛り上がっているとき、誰かが私に金をよこした。さっきの酒代の釣りだ。十八ディナールもある。訊いたら「ディ（十）ディナール」じゃなく「ドゥー（二）ディナール」だったらしい。それにしてもきっちりお釣りを持ってくるとは律儀だ。

だんだんわかってきたが、集う人々は年齢こそバラバラだが、みんなきっちりしたフランス語を話した。英語を話す人も若干いる。それなりにちゃんと教育を受けたか、まともな職についている人たちがメインらしい。

いきなり横の茂みから現れ、何かわめきながら私に革カバンを渡してどこかへ立ち去ろうとしたへべれけのおじさんもいたが、何しろ革カバンを持っているのだ。立派な勤め人である。

いちばん面白かったのは「イングリッシュマン」と名乗る英語を話す若い男だった。フラッシュを焚くと、彼が上半身裸で、わき腹に山刀で切りつけられたようなすごい傷跡があるのがわかる。

こいつはハイになりまくりで、「ジャッキー・チェーン！」と叫んでポーズをとったり、妻に「あんた、チュニジアじゃハッピーか？」と百回くらい繰り返し訊いていた。妻も苦笑しながら「アイム・ハッピー」と百回くらい答えていた。

「オレの家は貧しい。テレビも車もない。でもこれを飲めば世界は美しい。おー、ビューティフル・ワールド！」とわめいた。不覚にもうるっと来てしまう。人間がなぜ酒を飲むのかという核心をついていたからだ。

「あんたは正しいよ！」と肩を叩いて同志の気持ちを伝えようとしたが、奴はこっちの言うことなんか全然聞いてなかった。

今度は「イングリッシュ・イズ・マイ・ハート！」と叫び、胸に手をあてる。私もヤケになってボトルのヤシ酒をゴボゴボ飲み、彼の胸に手を当てて「オー、イングリッシュ！」と驚いたふりをしたりして苦労が絶えない。

しまいにイングリッシュマンは頭に酒を注いだグラスを載せて私たちに写真を撮らせ、それを液晶画面で見ては「美しい。これはオレじゃない！」とゲラゲラ笑い、どこかに去っていく。やっといなくなったと思ったらまた戻ってきて、頭にグラスを載せて「写真を撮れ！」と言い、「美しい。これはオレじゃない」と言っていなくなり、また戻ってきて……と同じことを何度も何度も繰り返す。

人の言うことを聞かない、同じギャグを繰り返す――。酔っ払いはどうしてかくも似ているのか。

「チュニジアには酒飲みはいても酔っ払いはいない」とモンデールさんは言った。だが、どんな砂漠にもオアシスがある。酔っ払い砂漠にもちゃんとオアシスがあった。それが何より嬉しかった。


夜も更けてきたし、だんだん付き合いきれなくなったので帰ることにした。律儀なマロワンがちゃんと出口まで先導してくれた。

ヤシの木が途切れたところで、彼は私の手元にあるボトルを指で叩き、「ここから先はポリスがいる。ここで全部飲め」と言う。やはり違法なのだ。

頑張って三分の二まで飲み、あとは彼にあげた。

もう馬もおらず、月明かりが清流を照らすなか、生まれ変わったような気持ちでホテルに戻った。

部屋に着き、「いやあ、すごかったなあ」と言うと、妻が訊いた。

「あの酒、どんな味だった？」

「え、飲まなかったの？」

私は腰が抜けるほど驚いた。あの状況で酒好きの彼女が飲んでなかったなんて考えられない。だが妻は平然と答えた。

「だって、水を混ぜるっていうからヤバイと思って」

そんなことはチラリとも考えなかった。それにもし水を加えたとしても、あの清流の水なら大丈夫だろう。彼女は考えすぎなのだと判断し、酔いも手伝ってあっという間に眠りに落ちた。

だが夜明け前、突如腹痛に襲われ、慌てて便所に駆け込んだら案の定ひどい下痢。うーん、またしても妻が正しかった……。

いったん収まって寝たが、二時間後にはちゃんと起床。この日は七時のバスでドゥーズという、さらに奥まった砂漠の町に行くのだ。しかし、腹は今ひとつだし、えらいことに気づいた。青いビニール袋にメモ帳、ガイドブック、アラビア語とフランス語の辞書を入れて持ち歩いていたのだが、それがなくなっている。

「オアシス・バーに忘れたんだよ」と妻は言った。「早くオアシスに行ってきなよ！」。

「オアシスに行け」と誰かに言われる日が来るとは思わなかったが、妻の命令には逆らえない。ホテルを飛び出し、ちらほらと出勤してきた馬車の間をすり抜け、オアシスへ向かった。ショッキングなことに「清流」では馬が何頭も足を洗っていた。

むおお、こんな水を使っていたらアウトに決まってるじゃないか。

朝のオアシスは明るく、昼間に見る商売女のように間が抜けていた。中へ入っていくと、あるわあるわ、宴の跡が。プラスチックのボトル、それを切ってカップにしたもの、タバコの箱、吸殻、ビニール袋、何かの燃えかす……。その残骸の間に私の青いビニール袋がしっかり落ちていた。

「あった!」。喜んで拾ったとたん、気が緩んだのか、強烈な便意。誰もいないのを幸いに、その場にしゃがみこんだ。

思えば野グソも久しぶりだ。半年ぶりくらいだろうか。

いろいろなものを隠してくれるオアシスは酔っ払いの味方だけでなく、下痢男の強い味方でもある。

「やっぱりオアシスはいい……」

朝の清らかな空気に浸りながら、いつにない解放感を味わった。これもまた、チュニジアでずっと求めていたものだった。

「ビューティフル・ワールド」。恍惚の表情でつぶやいた。

まさか、このあと二時間以上、バスで下痢を我慢するという地獄が待っているなんて知る由もない、幸せな私であった。

オアシスの〝家畜市場〟では
ラクダが売られていた

砂漠を通る道路脇に立てられた
「ラクダに注意」の看板

「イングリッシュマン」と一緒にポーズをとる著者

夜の砂漠の真ん中で、人々が集まり酒を飲む。これがオアシス・バーだ！

◉写真 高野秀行

第3章

秘密警察と酒とチョウザメ

——イラン

アゼルバイジャン
カスピ海
トルクメニスタン
バンダレ・
アンザリー
ラシュト
エスファハーン
アフガニ
スタン
イラク
イラン
クウェート
バーレーン
カタール
アラビア海
アラブ
首長国連邦
オマーン

Iran

古都の宮殿で我慢の限界に

私は酒飲みである。休肝日はまだない。

毎日飲むのは体に悪いと人は言うが、なにしろ当の体が「飲ませろ、飲ませろ」と訴えるのである。体は私が今どこにいるのかまったく気にしないので、いつでも一日の終わりには絶対に飲みたくなる。東京の自宅でぼんやりしていようが、自転車で四国の海辺を走っていようが、今みたいにイラン・イスラム共和国の古都エスファハーンを旅行していようが。二〇〇九年二月のことである。

私は前々からイランに強い興味をもっていた。ホメイニ師による革命以来、世界で唯一イスラム法学者が最高権威とされる「神の国」であり、外国人女性の観光客にすら黒いスカーフを被らせ、世界各地のイスラム過激派に武器や金を援助しつづけ、欧米諸国からは北朝鮮などとは比べ物にならないほどの「悪い国」と指弾されている。

私は、世間の評判というのを信じていない。悪評が高い場所ほど、イメージと現実にギャップがあるのをさんざん見ている。きっと、イランもただ怖い国ではないはずだ。その生の姿を見たいと思っていた。

唯一最大の問題は酒だった。多くのイスラム諸国では、高級ホテルやレストランで酒が入手可なのだが、イランの法律では完璧に禁止だ。日本の麻薬と同じ扱いなのだ。酒なしでは二日と過ごせない私にはあまりに高いハードルである。

かくして無限の彼方にあったイランだが、最近知り合った旅好きの学生と話していて興味深いことを聞いた。

「去年イランに行ったら、みんな、『ウイスキーが飲みたい』って言ってましたよ」

おお！　と私は感動した。急にイランが無限の彼方からすぐ隣にやってきたような錯覚をおぼえた。イラン人が全員良い人にも思えた。

発作的に旅行代理店に電話して、その場でイラン行きの航空券を予約してしまったのだ。「イランに行く」と相棒の森に告げると、彼もまたすぐ勤め先の会社に休暇届けを出した。同じように、前から辺境大国イランの写真を撮りたいと狙っていたのだ。

だが現実は厳しい。首都テヘランで二日過ごし、ここエスファハーンも二日目だが、いまだ酒の気配もない。考えてみれば、学生による情報でも、イラン人はウイスキーが「飲みたい」と言っていただけで「飲んでいる」わけではなかった。ここにこそ無限の隔たりがあったのに、それを私は無視していた。

イランでは酒がまったくないかというとそんなこともないらしい。出発前、日本人のイラン研究者Aさんに話を訊きに行ったとき、「けっこう、みんな隠れて飲んでいるみたい」と言っていた。在日イラン人情報でも「密造ドブロクがある」とか「トルコからビールを密輸している」などというのがあった。だが単なる旅行者がどうやってそんな裏ルートをたぐれるだろう。日本で覚醒剤や大麻を入手するようなものなのだ。

もう一つ、私の酒探しを抑えているものがあった。研究者Aさんにテヘラン駐在員の人を紹介してもらい、東京から電話したときである。彼はこう言ったのだ。

「酒はあります。この電話は盗聴されているから詳しくは言えませんが……」

盗聴⁉

研究者Aさんによれば、外国人の電話は基本的に当局から盗聴されているという。テヘラン在住の日本人同士が二人、電話で話をしていたら、どこからか「モット、ユックリ、シャベッテクダサイ……」という外国訛の声が聞こえてきたなんて笑えない、でも笑ってしまう話もあるという。

盗聴だけではない。街角でカメラを構えて写真を撮っていたら、私服警察の尾行がつく可能性がある。スパイもあちこちにいる。要するに、外国人は常に監視下にあると考えた方がいいというのだ。

この時点で私は酒を諦めた。そんな危険を冒してまで、イランで酒を飲むのはバカバカしい。酒を飲みに行くのでなく、イランの生の姿を見に行くのである。

……とはいうものの。断酒三日で私はしおれた菜っ葉のようになってしまった。どうしても気力が湧かない。案の定、イラン人は明るく親切で、日本人よりよほど人生をエンジョイしているようにうつったが、酒がないと会食も苦痛でしかなく、四日目には「もう限界」となった。

酒を飲まない森は元気で、エスファハーンに着いてからも王朝時代のモスクや建築を精力的に回っていた。私は他にすることもないので、辛抱を重ねて彼のあとをついて歩いていた。

だがチェヘル・ソトゥーン宮殿という、日本の江戸時代始めくらいに建てられたサファヴィー朝の宮殿を見に行ったとき、酒への渇望が爆発してしまった。

イスラム圏では珍しく木造建築で、石造りのモスクや宮殿に食傷気味の私たちには新鮮にうつったのだが、それ以上にインパクトを与えたのは屋内の壁画だった。見れば、戦争の他は酒盛りと踊りの場面しかないのだ。

そうだよな、酒を飲まないわけないよな。

イランでは昔から酒がふつうに飲まれてきたのだ。イランを代表する詩人のひとり、オマル・ハイヤームは中国の李白と肩を並べるほどの「酒仙」で、「酒はよきかな」なんて詩を山のように詠んでいる。そしてイランでオマル・ハイヤームを否定する人は当局を含めて誰もいない。酒が全面禁止になったのは、イランの二千五百年にわたる歴史（イスラム化されてから千四百年）でも、例外なんじゃないか。

ところどころ、人物の顔や女性の乳首が欠落しているのにも気づく。欠落部分が白いのでわりと最近、おそらく革命の頃に剝がされたものに見える。アフガニスタンのバーミヤンの大仏と同じように、厳格なイスラムとしては顔は許せなかったのだろう。乳首は言わずもがなだ。

だがもっと注目すべきは、欠落部分のいくつかが修正されていることだ。イラン当局も、地道に現実路線に戻ろうと努力しているらしい。

顔と乳首の絵もオーケー。酒の絵も初めからオーケー。ならば、絵に描いた餅ならぬ酒から、現実の酒までもう一歩ではないか……と思うのだが、その一歩にいったい何年、何十年かかるのだろうか。私は今すぐに飲みたいのだ。

酒を我慢しているのが急にバカバカしくなった私は、昼飯のため宮殿近くのファストフード店に入ったとき、隣のテーブルにいた若い男二人組と談笑したついでに、「酒はないか」と訊いてしまった。

といっても会話は簡単ではない。彼らは英語をまったく話さず、私はペルシア語の単語は何ひとつ知らない。私は『旅の指さし会話帳　イラン』を取り出して、「酒」という言葉を黙って指差した。人に聞かれたくない場合、言葉を発せずに済むというのは素晴らしい利点だ。

すると、男の片方（イギリスのミュージシャン、ジョージ・マイケルそっくりだった）はニカッと笑った。「マシュルーブ（酒）か！」とちゃんと発声したうえ、ドリンクの仕草までして、ぐいっと親指を立てた。

来たーっ！　と私も破顔一笑。やっぱりあったか。ついでに「酒」の隣に記された「酔っ払い」という単語も指差すと、ジョージも相棒もゲラゲラ笑い出した。『指さし会話帳』、便利じゃないか。どうしてイラン篇なのに「酔っ払い」なんて単語が載っているのかと今更不思議だが、現実に使えるわけである。

　私は早速ジョージと酒の交渉に入った。だが、ここで問題が勃発。彼は「オレのうちには酒がない。明日なら手に入る」と言う。しかし、私は今日飲みたいのだ。強くそう繰り返したが、ジョージはなぜ私がそんなに急ぐのか理解しかねるという顔だ。

「こいつ、ほんとの酒飲みじゃないな」と私は舌打ちした。本物の酒飲みならこの気持ちがわからぬはずはないのに……。

　だんだん私たちの顔は互いに険しくなった。しまいにジョージは呆れ果てたらしく、肩をすくめ、「じゃ、ダメだな。オレたちは帰るぜ」と去っていってしまった。

　残された私は森がサンドウィッチをがつがつ食うのを横目で見つつ呆然としていた。今日飲むことにこだわって、明日の酒まで逃してしまった。なまじ魚が針にかかっただけに、逃したショックは大きい。私はサンドウィッチを一口かじっただけで、放り出した。食欲がなくなっていた。

尋ねるべきはタクシーの運転手!?

森がマスジデ・ジャーメとかいうモスクに行きたいというので、もう今日という日を投げていた私は黙ってあとについて、彼が止めたタクシーの後部座席に重い体をどっとあずけた。

タクシーの運転手はニット帽を被った三十歳くらいの兄ちゃんだった。と、森が、なんの前振りもなくその兄ちゃんに「アルコール、ない？」と訊くので私はぶったまげた。おそらく酒を逃して意気消沈している私を見かねてのことだろう。友情はありがたいが、あまりに唐突過ぎて、兄ちゃんも「ノー、イラン、アルコール、ノー」と苦笑するのみ。

私たちも苦笑して話は終わり、車は静かに走って、モスク前に着いた。金を払って出ようとしたときである。「酒、ほしい？」と兄ちゃんが片言の英語で言った。「オレ、持ってる」。

えーっ、こういう展開か。兄ちゃんの英語はほんの片言だから、詳しいことは不明だが、酒があれば詳細はいらない。驚きつつも喜び、私は「夜六時、ホテルに持ってきてくれ」と頼んだ。ホセインと名乗った彼はにこりともせずに頷くと、そのままアクセルを踏んで去っていった。

「森、よくやった！」と私は史上最大級に彼を評価して喜んだのだが、時間がたつにつれ、「ほんとに来るのかな」と不安になってきた。非合法のものにしては、話があまりに簡単すぎたからだ。そのときはやる気でも、時間をおくとどうでもよくなってしまうことは多い。例えば女の子を口説いた場合でも、営業でモノを売りつける場合でも、今すぐに実行しないで、「夜の六時にまた会おう」ではダメだ。

森のモスク行きなど吹っ飛ばして今すぐ持ってきてもらうんだったと深い後悔の念に苛まれた。今度は攻撃の間を逃してしまった。

とはいうものの、約束はしたので、ちゃんと六時前にホテルに戻り、期待せずにじっと待っていた。案の定、六時半を過ぎても誰も来ない。

やっぱりな……と思って諦めかけたときである。電話が鳴った。慌てて出ると「ホセインだ」と言うじゃないか。来たのか、ほんとに！

階下に下りたら、ホセインともう一人、えらくハンサムでかわいい、ジャニーズみたいな若者が手にボストンバッグを提げて立っていた。外国のホテルでは宿泊者でない現地人を部屋に入れるのを嫌がるところもあるので、私はわざと大袈裟に「おー、マイ・フレンド！」と握手して、彼らが友達であることをフロントにアピールし、そのまま二人をエレベーターに押し込んだ。

森ともども部屋に入ると、あらためて挨拶する。

ジャニーズ系の若者はアリーと名乗った。二人はぎこちない笑みを浮かべている。

相当不安そうで、森がカメラを取りに自室へ帰ろうとドアを開け閉めすると、その度にギクッと体を震わせる。それを見て、私も緊張に体を硬くした。

ホセインにしてもほんの片言英語だが、酒の売人であるアリーはもっとしゃべれない。かくして、またもや『指さし会話帳』を開き、私の二十年に及ぶ外国語かじりテクニックを全開にして、ペルシア語で交渉を進めた。酒がかかっているうえ、道を誤ると大問題にもなりかねないので必死だ。すると、不思議に相手の言いたいことがわかる（以下、たどたどしい会話を普通の会話に「翻訳」してお伝えしよう）。

さて、アリーはドアと窓のほうをキョロキョロと見回してから、おもむろにボストンバッグから、二リットルの水のペットボトルを二本取り出した。一本は薄いオレンジ色に濁った液体がボトルいっぱいに、もう一本は水にも見える無色透明な液体が三〇〇ミリリットルくらい入っていた。

これか！

早速、味見だ。濁った方のボトルを開けると、ぷーんと甘い酒の匂いがした。直接ボトルに口をつけて舐める。えらく甘ったるい。梅酒みたいだが、香りは間違いなく葡萄だ。これが話に聞く「ドブロク」にちがいない。

次に無色透明の方を試すと、同じく葡萄だがもっと洗練された香りがした。飲んでみれば間違いなくウォッカ。しかも日本で飲む既製品よりよほど上等である。

「すごいな！」と思わず感嘆の声をあげた。

イランに来てから、レストランや食堂のレベルが低いというか手抜きだらけなので、密造酒もきっと粗雑なものだろうと決め付けていたが、この味と香りから察するによほどよい材料を使い、丁寧に仕上げたにちがいない。そういえば昔、日本に来ていたイラン人の偽造テレカもよくできていた。もともと手先が器用で、「やるときはやる」民族なのだろう。

「どっちが好き？」とジャニーズ系売人のアリーに訊くと、ドブロクを指してにこっとかわいらしく微笑んだ。やっぱり甘い方がいいらしい。お子様だ。

「俺はこっちがほしい」と私はウォッカを指した。酒飲みなら誰もが確実にこっちを選ぶだろうが、それ以外にも私たちが明日移動するという事情もあった。さすがに酒を持ってバスや飛行機に乗るのは危険すぎる。かといって、今日中にボトル一本も飲めない。森はほとんど飲まないので、事実上、私ひとり分だ。

値段を聞いたら、ウォッカは「三十ドル」という。日本円で三千円ほど。けっこう高いが、非合法なのだからこんなものだろうか。「オーケー」と私がうなずくと、アリーは「モバラーキバーシャド（おめでとう）！」と微笑んだ。『指さし会話帳』によれば、イランでは絨毯など、ちょっと大きな買い物の交渉がまとまると売り手が買い手に向かってそう祝辞を述べる習慣があるそうだ。

イランの文化に生で触れている感じがした。

ここまで順調だったが、そのあと、意外な「トラブル」が発覚した。アリーが携帯電話でどこかに連絡し始めた。そして電話を切ると、「夜十時に持ってくるよ」と言う。何の話かと思って問いただせば、実はこの少量のウォッカは「サンプル」だと判明した。味見してよかったら購入、ダメなら断っていいという商いの方法らしい。日本のバーやレストランよりも良心的だ。

それにしてもボトル一本で三千円は安い。日本で手に入る本物のウォッカより安い。物価の安いイランでも、「ちょっと高級な嗜好品」程度だろう。この質でこの安価ということから、いかにこの地で酒が〝ふつうに〟飲まれているかがわかってしまう。

だが、この良心的販売が問題になった。私はボトル一本などとても飲めない。

「このサンプルで十分だ」と言った。「値段は三十ドルでいいから」。

私も良心的に応じたつもりだが、彼らは困った顔で首を振る。「ボトル一本で三十ドルだから、受け取れない」と言うのだ。なんと、さらに良心的だ。

ジャニーズ系売人のアリーは先輩格のホセインを指差して、「ボクはお金はいらない。ただ彼は危険をおかしてここに運んで来ているから十ドルあげて」と言う。それを聞くとホセインはさっと顔をこわばらせ、「ダメだ、いらない！」と本気で怒り出した。

かくして、イランでは麻薬扱いになる非合法商品をめぐり、私たち三人はホテルの一室で「ボクは金、いらない。あんた、受け取れ！」「イヤだ。君がもらえ」と激しく押し付けあうはめになった。

なんて良心的な密売風景なのだろう。

結局、私はホセインに十ドルあげることを納得させ、アリーにはお土産用に持っていたマイルドセブンを二箱わたした。アリーは「こんなもの、もらっていいの？」とかわいい顔をきょとんとさせている。生まれて初めてお菓子を見た小鹿みたいだ。

アリーとホセインは顔を近づけて、ひそひそ話をはじめた。目が真剣だ。何やら首をひねったり、考え込んだりしている。

「何か、また問題があるのか」と訊いたら、アリーが「ナー(いや)」と首を振った。

「あなたたちはいい人だ。今晩うちに招待したい」

「え？　これから？」

「うん」。二人はにっこりと邪気のない笑顔を浮かべた。

びっくりするような展開だ。知り合いになった人の家に行ったら酒がちょこっと出てくるというならわかるが、なぜ酒を買ったら売人に招待されるのか。

ちょっと不気味な気もしたがイランの生の姿を見るチャンスだ。かくして私たちは購入した酒を部屋に置いて、彼らと一緒に出かけることになったのだった。

密売人たちはスーフィーだった

ホセインのタクシーに四人で乗り込んだ。森がいつものように助手席に座り、バス車内の女性たちにカメラを向けるのを見て、ホセインとアリーが口々に「危ない」と言った。たしかに今ここで警察沙汰になったら、全員が一巻の終わりになってしまう。

私も森に注意したが、彼は「大丈夫ですよ～」と軽く聞き流していた。写真のことになるとこの男は人の言うことなど、絶対に聞かない。そのエゴイストぶりは酒がからんだときの私並みだとよく承知していたので諦めた。なるようになるしかならない。

いっぽう車内のイラン人も大変なことになっていた。会話帳のイスラム用語のページを開くと、「イスラムなんかダメだ。ボクらは信じてない！」と舌を出すのだ。それればかりでない。「ホメイニからイランはダメになった」とまで言う。

唖然である。酒を飲んだり、女遊びをするムスリムはいくらでもいるが、イスラム自体を否定するムスリムなんか見たことがない。ましてや、イラン人でホメイニを公然と批判するとは。

こいつらは一見いい奴そうに見えるが、実は相当な悪党なのかもしれない。そんな連中のアジトにのこのこ行っていいものかと思ったが、今更やめるわけにもいかない。

車は約四百年前に造られたというお堀端に止まった。閑静な住宅街を歩きながら、アリーがゴリゴリのイスラム教条派の大統領の名を挙げ、「アフマディネジャド、ノー！」などと叫ぶので、今度はこちらがひやひやした。

門を開けて入ったのはけっこう立派な家だった。白いタイル貼りの壁、正面の大きなガラス越しに白いレースのカーテンとシャンデリアが見える。日本なら豪邸ムードだ。

私たちはそちらには行かず、半地下の部屋に招きいれられた。ムスタファと名乗る別の若者がおり、にこにこと挨拶した。

「ボクの部屋だよ。汚くてゴメン」とアリーは照れくさそうに頭をかく。十五畳くらいある絨毯敷きの広い部屋に、雑誌、本、衣類などが散らばっている。デスクにはパソコンもある。日本のリッチな学生の部屋みたいだ。

そう言うとアリーは「ボクも学生だから」と笑った。よくよく訊けば、驚いたことにアリーは電子工学を専攻する現役の大学生だった。

ここは彼の同級生であるムスタファ君の家で、ムスタファ君の部屋に一緒に暮らしている。そしてそのムスタファ君の叔父がホセイン……とまあそういう関係なのだった。ちなみにアリーのお父さんはアメリカ留学経験のある元教師・現ビジネスマン、ムスタファ君のお父さんは電子工学エンジニアだという。

なんとまあ。彼らが売人にしては不思議なくらい紳士的なわけだ。「悪党」どころか、もともと良家の子弟なのだ。酒の密売は小遣い稼ぎらしい。

棚の上に写真が何枚か飾られているのをカメラマンの森が素早く見つけた。

人物写真が二枚ある。

「これはヌルヴァッシュ師というロンドンに亡命中のスーフィー詩人、もう一枚はゾロアシティ師という百年前のスーフィーの聖者だ」とアリーは得意げに説明する。そして、訊いた。「スーフィーってわかるかい？」。

「ダルヴィーシュ？」と問い返したら、アリーたち三人は「わお！」と歓声をあげ、パチパチと盛大に拍手した。「よく知っているな、そんなこと！」という感じだ。

スーフィーとはイスラム神秘主義のことだ。瞑想や踊り、音楽などを通して陶酔し、神と一体になるのを究極の目標とする。スーフィーには伝統的に各地を放浪する修行僧が存在するという。日本でいえば「乞食僧《こつじきそう》」にあたろうか。それをペルシア語で「ダルヴィーシュ」と呼ぶ。

野球のダルビッシュ有投手の名前だ。実際にはどうか知らないが、有君のおじいさんがスーフィーの修行僧だったのかもしれないと研究者Aさんは言っていた。イランでは祖父にちなんで、そういう名前をつけることがよくあるという。

それにしても、「イスラムでなくスーフィー」という主張は意外だった。歴史的にもイスラム法学的にも、スーフィーは明らかにイスラムの一派なのだ。スーフィーの詩人ルーミーが今でもイランでひじょうに尊敬されているのがその証拠だ。

だが、革命以降、イラン政府当局が原理主義化し、スーフィーを異端視するようになったと聞く。つまり、当局が「スーフィーは本来のイスラムではない」と弾圧するので、かえってスーフィーの信者は「じゃ、オレたちはイスラムじゃなくてけっこう」と開き直ってしまったのかもしれない。

いっぽうで、酒とスーフィーの取り合わせには「なるほど」と思った。スーフィーは陶酔から神に近づこうとする。世界でコーヒーを最初に常飲するようになったのもスーフィーだという説がある。コーヒーを飲んで徹夜をし、ハイになって神と一体化しようとしていたらしい。コーヒーに着目するくらいなら、酒を見逃すはずはない。そして「スーフィーだから」という理論武装をすれば、飲酒にも後ろめたさを感じずにすむ。

日本でいえば、ヒッピーやスピリチュアルにかぶれる学生みたいなもんかと軽く思っていたところ、パソコンの横に五線譜を見つけた。

「これ、何?」と訊くと、アリーはベッドに立てかけたスーツケースを開けた。巨大なタンバリンのような太鼓だった。

「ダフっていうんだ」と言い、アリーはにわかにダカダカ叩き、朗々とした声で歌いはじめた。

「スーフィーの音楽だ」とホセインがやはり真面目な顔で言った。タクシー運転手はいつの間にかニットの帽子をとっていた。結わえた髪を背中まで垂らし、一緒に歌を口ずさんでいる。

アリーの演奏は五線譜を見て練習しているだけあり、素人離れしていた。

どうやら彼らは私たちの想像以上に本格的なスーフィーの徒らしい。


演奏が終わると、私たちは拍手をした。絨毯にぺったり腰を下ろす。

「チャーイ（お茶）、それとも……酒？」。アリーがにやっとした。

「おー、もちろん酒！」

ムスタファ君が小さなワイングラスを、アリーがさっきのドブロクをそれぞれ取り出す。ドブロクはまだしゅわしゅわと発酵をつづけ、どろっとした液体と上澄みに分離しているので、よく振ってから注いだ。

ペルシア式に乾杯の音頭。

「ベサロマティ！」と一人が声をかけると、残りが「ヌーシュ！」と応じる。伝統を感じてグッとくる。長い長いペルシアの飲酒文化は今もイランに息づいている。

グラスのドブロクをグイッと一気に飲み干して、また驚いた。

美味いのだ。さっきホテルで飲んだときはべたっと甘いだけのように感じたが、ちゃんと飲むとそれほどでもなく、葡萄の香りが鮮やかで、手作りドブロクと思えないほどの洗練度だ。考えてみれば、あの上等のウォッカはこれを蒸留したものなのだから、美味いに決まっている。これもイランの長い酒造りの伝統を受け継いだものなのだろう。

隠れて飲む酒はことに甘美で、ことに酔う。私はたちまちグラスを三杯空け、ほろ酔いになったが、森とアリーは一杯目にしてもう顔が赤い。

「やー、マスディー（酔っ払い）！」とホセインと私がからかうと、ジャニーズ・アリーはますます顔を赤らめた。そして、照れ隠しに今度はベッドの下からセタール（インドのシタールと同じ系統のもの。ギターの一種）を出して、奏ではじめた。ホセインがヌルヴァアッシュ師のスーフィー詩集本をアリーの前に広げると、彼は巧みに弾きながら、詩を吟じる。

彼の顔は同性の私から見ても美しかった。ときどき憂うように目を閉じて、昂然と首を振ると、長い睫毛《まつげ》がこまかく震え、ゾクッとする色気がある。そして彼の澄んだ声は低いところからどんどん高みへ昇っていく。

私はゆっくりと深く陶酔してきた。酒と音楽。いつの間にか、昼間に見たチェヘル・ソトゥーン宮殿の壁画そのままの宴になっていた。

やっぱりイランは奥深い。革命も酒の禁止もイランの長い歴史の中ではつい昨日、一昨日くらいのことでしかないのかもしれない。イラン人はそれがわかっているから、「はいはい」と言って、政府の言うことを聞き流しているのかもしれない。

イランの核心部に触れたと思ったときである。

外でガタッと物音がした。アリーはセタールを放り出し、慌ててワイングラスをかき集めた。

「ヤバイ！　ムスタファのパパに見つかったらぶっ殺される！」

何のことはない。まるで親に隠れて酒を飲んでいる高校生である。思わず笑ってしまったが、四十歳を過ぎてその高校生の宴会にのこのこ参加している私はいったい何なのだろう。

密造酒の売人は、インテリの学生であり、神秘主義の熱心な信奉者であり、ちょいワルの高校生だった。そして、そのどれもがイランの生の姿であると思えてしかたなかったのは、冷静な私の観察眼の賜物か、四日ぶりの酔いのせいか、今もって不明である。

テヘラン市内の様子

酒宴が描かれている
チェヘル・ソトゥーン宮殿の壁画。
酒は昔から飲まれていたのだ

タクシー運転手のホセインに、
ホテルに酒を持ってくるように頼む

イマーム・モスクの壁によりかかる著者

ファストフード店で隣あわせたジョージ（仮称）に「酒はないか」と交渉するも、決裂

ホセインが密売人のアリーをホテルに連れてきた

なぜだかアリーの自宅へ招待され、移動中の著者

ようやく乾杯！見よ、この著者の笑顔

ついに酒とご対面！
左がドブロク、右がウォッカ

グラスに注がれるドブロク

セタールの音色とともに
夜はふけていく

お次はチョウザメを肴に飲みたい

「うわあ、もったいねえ！」

心の中で泣き叫びながら私はウォッカをトイレの中にドボドボ捨てていた。イスラム圏で必死に酒を探すようになって十年以上たつが、捨てたのは初めてのことだった。便器の中からふわーんと甘い香りが立ち上る。

アリーたちから上等な密造ウォッカを入手した夜のことである。

なぜ酒飲みの私がこんなことをしているのか。それはイランという国の特殊性からきていた。

旅を続けるうちにわかってきたのだが、この国の人たちは「建前」と「本音」を使い分ける。日本人の十八番かと思っていたらイラン人はその比ではない。

飲酒がその最たるもので、他の人がいるときは「酒？　イランではダメだよ」と厳しい顔で首を振るのに、誰もいないときは「酒？　あるよ、うふふ」という対応になる。

つまり酒はかなり普通に飲まれているのだ。

ただ問題なのは私たちが旅行者だということ。せっかく酒を入手しても、バスや飛行機など公共の交通機関で移動するときにそんなものを携帯できない。警察の手荷物検査にでもぶつかったら即逮捕されてしまう。翌日にはイラン北部に移動する予定だったので、泣く泣くホテルのトイレに処分したのだ。大金をトイレに捨てている気分である。

バスと飛行機を乗り継いで向かったのはカスピ海沿岸の町ラシュトだ。到着した晩は疲れていたこともあり、酒を諦めて寝た。本番は翌日である。カスピ海といえばチョウザメの卵であるキャビアが有名だが、私の目的は「酒」だ。

日本人研究者の書いたある本に「カスピ海の密輸キャビアを肴に密造ウォッカを飲むのがイラン最高のグルメ」とあった。もっとも私はキャビアに深いこだわりはない。キャビアなんて金さえ出せば日本でも食える。

それより同じ本に「地元の人は高価なキャビアよりアシュバルと呼ばれる魚卵を好む」とあるのにそそられる。マーヒーセフィード（白魚）という魚の卵を塩漬けにし、少し発酵させた食品で、これまた「酒のつまみに最高」とのことだ。私としては是非、アシュバルで一杯やりたい。

いっぽう、相棒のカメラマン森清は異常なほどの魚マニアで、釣るのも食べるのも大好きなのだが、その彼曰く「チョウザメはすごく美味いんですよ。キャビアよりチョウザメを食いましょう！」。

うん、チョウザメで一杯もいい。いつもは「まず酒だ」「えー、また酒？」と揉める私たちだが、今回は珍しく意見の一致を見た。それにこの日はちょうど森の誕生日だった。ぜひチョウザメで乾杯してあげたい。

まず市内のバザールに出かけた。店のオヤジが大声で客に呼びかけ、魚や野菜を山積みにした荷車がゴトゴトと石畳を走ってくる。イランは基本的に砂漠の国だから市場でも食堂でも肉は豊富ないっぽう、魚や野菜は影が薄い。ところがここはカスピ海に面しており、しかもイラン有数の降雨量を誇る肥沃な土地なのだ。

「こんなでかい鯉、見たことないよ！」とか「あ、これ、カワカマスだ！」などと森が嬉しい悲鳴（？）をあげる。

豊かなのは野菜と魚だけではない。チーズもあれば、オリーブやナッツ、それにニンニクやショウガの漬物も各種揃っている。

「うわっ、これをつまみに一杯やりてえー」と私も叫ぶ。

中でも感激したのは地元ではキャビアより好まれるというアシュバルだ。魚屋の兄ちゃんが体長五十センチほどの魚の腹をかっさばき、オレンジ色の魚卵をぞこぞこ手で取り出す。たらこの五倍ほどの大きさだ。

隣の魚屋では、粗塩を振りすでに熟成されたアシュバルが売られていた。味見させてもらうと発酵の旨味がぎゅっと凝縮されていて、思わず生唾を飲んだ。これをつまみに焼酎やウォッカみたいな蒸留酒をきゅっとやったらさぞかし美味いだろう。しかもすごく安い。五百円もしない。さっそく購入。

早くも目的のうち一つは達成した。あとはチョウザメと酒だ。


ここのバザールはびっくりするくらい人がすれていない。

今どき、どこの国の市場でも客引きがしつこく声をかけてくるか、カメラを向けると怒鳴られたりするのが普通だが、ここでは「どこから来たの?」「日本人?」「ハロー!」「こっち来いよ。お茶飲もう!」「オシン」「ジャッキー・チェン!」とみんな、にっこにこの笑顔で呼びかけてくる。

ちなみに、『おしん』は二十数年前、アジア各地でヒットして、当時アジアを旅していた日本人はよく「ジャパン、オシン」と声をかけられたというが、いまだに日本人に向かって「おしん」と言うのはイランだけではないか。時間が止まっているようだ。

そういう魚屋の人たちの写真を撮らせてもらったり、お茶をいただいたりする。老いも若きも立派な口髭をたくわえ、味わいと貫禄に満ちている。

最高だったのは「サダム」というニックネームのオヤジ。サダム・フセインそっくりの風貌ででっぷりと肥えている。サダムはかつてイラン人の宿敵だったから良い名前のわけがないのに、彼は自分で「オレ、サダム、ゲヒヒヒヒ」と喉をごろごろ言わせて笑う。日本に来たらいきなり芸人になれそうだ。

サダムにしても他のオヤジたちにしても、いかにも酒をぐびぐび飲みそうだったが、いかんせん、人が多すぎてとてもじゃないが訊けない。

いっぽう、もう一つのターゲット、チョウザメはどうか。

チョウザメはペルシア語でウズンブルンという。

会う人、会う人に「ウズンブルン?」と訊くと、みんな、「ない」と首を振る。ときどき「ないよ。わははは」と笑う人もいる。その反応をみると、まるで私たちがえらくとんちんかんな質問をしているようだ。

チョウザメ、そんなに手に入りにくいんだろうか。キャビアと勘違いしているんじゃないかと疑い、「ウズンブルンの卵じゃない、肉だ」と繰り返すが、笑い声は大きくなるばかり。

　ある魚屋の兄ちゃんが「公園に生きた奴がいる」と教えてくれた。よくわからないが、水族館みたいな施設で飼っているのかもしれない。もちろん水旅館の魚を食えるわけがないが、情報は得られるだろう。タクシーを拾って教えられた公園に行き、清掃をしている若者たちの集団を見つけて「ウズンブルン？」と訊いたら、またしても爆笑された。

　苦労して探しているのになぜ笑うのか。やや憮然としていたら、一人が「ここにはない。バンダレ・アンザリーに行け」と言う。ここラシュトから四十キロくらい離れた、カスピ海に面した港町である。そこの市場にはあるというのだ。

「やっぱり貴重だからほんとうの漁師町でしか手に入らないんじゃないですか」

　森の意見に賛同し、またタクシーを拾ってバス乗り場に向かった。

　白髪交じりの髭を生やしたドライバーは英語がさっぱり通じなかったが、魚屋さんたちと同様に、「ジャパン？　オシン？」とにこにこと話しかけてくる。こっちもにこにこ顔で「酒はもってないの？」とさり気なく尋ねたらまたしても笑われる。

「酒は禁止だ。ワハハハ」

　どうも今日は何を訊いても笑われる日らしい。と思ったらおじさんは付け加えた。

「酒は禁止だから、みんな、家で飲む。ワハハハ」

おおっ、やっぱり飲んでるのか。チャンス到来だ。しかし車の中とはいえ大声である。何だろう、このふつうな感じは。

「どこにあるの？　あなたのところにあるの？」

「オレは持ってない。でもその辺にたくさんあるよ。ウォッカでもウイスキーでも。ワハハハ」

「飲みたい。俺、飲みたい！」

拙いペルシア語で叫ぶと、にこにこおじさんは急ブレーキを踏み、ぎゅーんとターンをした。

「じゃ、今買いに行こう」

喜びが一転、困惑に変わった。こちらはこれからバスに乗り、漁師町に行くところだ。こんな田舎だし、路線バスの中で警察のチェックにあうわけもなかったが、やはり酒を携帯しての移動はためらわれた。おじさんにそう説明すると「じゃあ、夜ホテルにオレが持っていくよ」と言ってくれた。

ナイス！　願ったり叶ったりだ。向こうが酒を持ってきてくれればこちらは安全だし、夜にはチョウザメも手に入っているかもしれない。

やっぱり人目をしのぶという意味で、タクシー以上のものはない。

握手をして車を降りた。酒は確保できた。あとは肴のウズンブルンを探すのみだ。

秘密警察につかまる

バンダレ・アンザリー行きのバスはボロかった。車体には錆が浮き、窓はきちんと閉まらない。ガタガタいう振動とともに、外の冷気が入ってくる。

学校の生徒がけっこう乗っていた。女子学生たちはテヘランやエスファハーンに輪をかけて、化粧が濃い。ケバイといってもいい。私はいちばん後ろに、森は前の席に別れて座った。

イランは酒が絶対禁止だとか女性はヘジャーブを被れとかうるさく言うが、結局みんな建前だけだ。

「イラン、楽勝じゃん！」

口笛でも吹きたい気持ちでいたのだが、目的地のバンダレ・アンザリーに到着しバスを降りると、森がひじょうに険しい顔をしている。

「バスの中で私服のポリスに捕まって、写真を消されちゃったんです」

「ええ!?」
　森の話を訊いて驚いた。彼はイスラム圏でいつもやっているように（というのもす
ごいが）車内で女子学生を隠し撮りしていたら、急に後ろから背の高い私服の男に肩
を叩かれた。
　そいつは有無を言わさずカメラを見せろと言う。森が「ヤバイ」と直感し、わざと
窓の外の景色の画像などを見せたが、そいつは納得しない。ひったくるようにカメラ
を取り上げ、データを最初から全部チェックし、女性が写っている画像を全て削除さ
せられたのだという。
「二十年写真をやっていて、フィルムを取られたり、画像を消されたりなんて初めて
ですよ」。森は悔しさと驚きの入り交じった顔で言う。
「僕は前に『フライデー』で仕事していて、しょっちゅう隠し撮りしていたけど一度
も気づかれたことがないんですよ。どうしてわかったんだろう?」
　うーむと私も唸るしかなかった。いったいどこで見つかったのだろう。秘密警察の
男にバスに乗る前から尾行されていたのか、たまたま彼がバスの車中で私たちに気づ
いたのか。それにしてもイランはわからない。人々は家ではふつうに酒を飲み、女性
はド派手に化粧をし、いたって大らかにやっているようなのに、そのいっぽうで当局

はこのキツさだ。

森はショックを受けつつも、「メモリーカードの中に酒を飲んでる写真がなくてよかった」と安堵もしていた。エスファハーンでのアリーの家で彼はたんまり飲酒の写真を撮っていたが、ちょうどメモリーがいっぱいになり交換したあとだったそうだ。たしかに飲酒の写真が見つかったらただでは済まなかっただろう。私たちが逮捕されるのはもちろん、アリーたちの身が危険だ。外国人に酒を飲ませていたのだから。

やはりイランは怖い。まったく予想がつかない。バスに乗る前に酒を買わなかったことも幸いだった。もし尾行されていたのならその場でアウトだし、バスの中でも酒の微細な匂いがその鋭敏な秘密警察の男に嗅ぎつけられていたかもしれない。どっちにしても酒の所持が露見したら、即逮捕、監獄行きだった。

すっかり暗い気分になった私たちは、鉛色の空の下、冷たい小雨に濡れながら、とぼとぼと海に向かった。

カスピ海は黒っぽく濁り、荒波が立って、東京人のイメージにある「冬の日本海」みたいだった。はるか対岸がロシアというのも納得の風景だ。

荒波の中を、百年前に北欧の漁師が乗っていたような木造の古い船が、漂いながら浜辺に向かってよたよたと近づいてくる。

浜辺にはなぜかトラクターが待機していた。オーストラリアでネイチャーガイドをしていると言っても通りそうな、垢抜けた風貌の青年が運転席にいたので「魚がいるの?」と訊くと、「今じゃない。一時間後だ」と片言の英語で答えた。

「こりゃ、地引網ですよ。いいところに来たなあ!」

魚キチの森はにわかに興奮しだした。

おかげで市場行きは後回しとなり、寒空の下、海からの北風にびゅうびゅうと吹かれながらひたすら待つ。氷雨が強くなり、次第にガタガタと震えが止まらなくなった。

ああ、こんなときに強い酒があれば……。

エスファハーンのトイレに捨てたウォッカ。ラシュトのバス乗り場近くで買いそびれたウォッカかウイスキー。それが今ここにあれば——と詮無いことを考えて時を過ごす。

一時間半がたち、だんだん浜辺に人が集まってきた。ゴムの長いズボンを穿いているので、みんな漁師らしい。

頬も顎も立派な髭に覆われた親方らしき人と、片言の英語とペルシア語で話をした。

「シャー（皇帝）のときは日本やドイツへ行った。日本人の友達もいた。イスラムになってから、何もない」というようなことを言った。「イスラーム」と言いながら、わざとげっそりした顔をつくってみせたから、現在のイスラム体制に心底嫌気がさしているのは間違いない。

イランではイスラムがこんなにも不人気なのかと改めて驚いてしまう。私はどこの馬の骨かわからない、初対面の外国人なのだ。なのに平気で不満を漏らす。

そうこうしているうちに、もっとたまげることが起きた。

漁師が寝泊りしているらしき建物から二人の若者がこっちに向かって歩いてくるのだが、片方の男がちょっとおかしい。足が砂にとられ、右に左によろめくうえ、私たちを見て、「おー、オレの写真を撮れ!!」とわめく。そしてゲラゲラ笑いながら顔をぬーっとこちらに近づける。息が臭い。

目を疑った。どう見ても正真正銘の酔っ払いじゃないか。

トルコ、チュニジア、マレーシアといった酒に比較的寛容なイスラム圏でも、へべれけの酔っ払いなど、滅多にお目にかかれない。ましてや白昼の酔っ払いなんぞ一度も見たことがない。

なんと初体験がイランだった。秘密警察が跋扈《ばっこ》しているイランだ。親へべれけ兄ちゃんの相棒は顔こそ少し赤いものの、酒臭いというほどではない。親方の息子だと英語で自己紹介した。どこで英語を習ったのかと訊いたら、「スウェーデンに出稼ぎに行ったとき。ポリスに捕まって強制送還にあったけど」と照れくさそうに言った。

「俺もインドでポリスに捕まって強制送還になったんだ」と私が言うと、「え、ほんとに？」とびっくりし、私たちは握手して爆笑した。

ひとしきり笑うと「イランはどうだ？」と彼が訊くので「いいよ」と答えた。街中や市場ではそう答えると、人々の顔はほころび「そうか、そうか」となるのだが、ここではちがった。

「いや、イランはよくない。ダメだ」と言う。

「イスラムはダメだ。ホメイニは悪い。すごく、すごく悪い」と〝禁句〟を連発。周囲に他の漁師がうろうろしているのに全然気にしていない。エスファハーンのアリー宅と同じだ。内輪だけになると、イラン人は自国の悪口を言い始める（実際このあと、何度も同じ経験をした）。

私たちがしゃべっている前で、真面目な漁師たちがざぶざぶと海に入り、手を真っ赤にしながら辛抱強く素手で網をたぐっている。ときおり魚が跳ねるのが見えた。

と、さっきのへべれけ兄ちゃんがやってきた。「酔っ払い、酔っ払い！」。大笑いして私が囃し立てたら、彼は「酒だ！　一緒に酒飲もうぜ。あっちにウイスキーがあるんだ」とニタニタした。

心がぐらっときた。

なにしろ寒い。濡れてもいる。今ここで強い酒を一杯やれたら身も心もどんなに温まるか。さっきまでの夢想が突如現実になったのだ。

だが同時に、ついさっき、森がバスの中でやられたことが頭に浮かぶ。ポリスはどこにいるかわからない。ホテルや家ならともかく、出先はリスクがある。しかも誘っている奴はぐでんぐでんだ。せめてこいつがもう少ししっかりしていてくれたら……。

逡巡していたら、もう次の瞬間、酔っ払いは両手を広げて飛行機みたいなポーズをとり、ギャハギャハ笑いながら向こうに走っていってしまった。

漁がやっと終わった。網にかかった魚は少なかった。チョウザメもいなかった。親方たちは「ウズンブルンはイランには少ない。アゼルバイジャンやトルクメニスタンにいる」と言う。

森はしかしカスピ海の漁を見物できて満足したようだ。私の方は、酒を逃したが、「イランの真っ昼間の酔っ払い」というある意味ではキャビアより貴重なものが見られたわけでやはり良しとすることにした。

それに今夜は宿に酒が来るはずだ。

ふふっと笑みがもれた。これだけ寒さと禁酒に耐えたのだ。さぞかし美味いだろう。

だが、そんな甘い予想は呆気なくくつがえされた。タクシー運転手が現れなかったのだ。迂闊《うかつ》にも彼の携帯の番号を訊いてなかったので、連絡をとるにとれない。

無念……!!

心にも体にも澱《おり》がどんよりとたまったような状態で眠りにつくしかなかった。

短気で親切な〝シャイロック〟

翌朝の目覚めは悪かった。昨夜酒を飲んでいないから心身ともリセットできていない。前日の「澱」がそのまま残っている。

いっぽう森もげっそりした顔をしている。昨夜は彼にとっても災難だったのだ。

タクシー運転手がいつまで待っても現れないので、とうとう諦め、二人で外に飯を食いに行くことにした。ちょうどこの日は森の誕生日である。

「森の食べたいものを食べよう」と私は鷹揚《おうよう》なふりをして言った。実際には、酒がないなら何を食っても同じだから、どうでもよかったのだ。

何も知らない森は嬉しそうな顔をした。「じゃあ、昨日の女の子に教えてもらったチキンの店に行きましょうよ」。

ラシュトに着いた晩、町に一軒だけのインターネットカフェで、英語を話す大学生の女の子に会った。森がラシュトに美味い魚料理の店はないかと訊くと、「ここは海から少し離れているから魚料理はあまりおいしくない。それよりチキンのすごくおいしい店がある」と彼女が教えてくれた。親切にもその子は「タクシーの運転手にこれを見せるといいわよ」と店の名前と住所をペルシア語で記してくれた。

イランの女性は他のイスラム圏に比べて断然社交的で、外国人の男と話すのもへっちゃらだ。女性が親族以外の男と言葉を交わしているのを発見されたらひどい場合には殺されるというアラブ諸国やパキスタン、アフガニスタンなどとは比べ物にならないほどリベラルだ。

さて、タクシーに乗ってずいぶん遠くまで走り、やっとたどり着いたと思ったら、なんとそこはカーネルサンダースのおじさんの顔が描かれた店だった。

店の名前はBFC。ケンタッキーフライドチキン（KFC）を何から何まで、完璧にパクッた店だった。私はあまりの展開に笑ってしまったが、「これが俺の誕生日……？」と森は憮然《ぶぜん》としている。何もかもKFCのコピーなのに、肝心のチキンの味はコピーできておらず、単なる鶏唐揚げだったからなおさらだ。

ところが神はまだ森の忍耐力を試したいようだった。私たちがチキンを食べ始めたとき、どやどやと家族連れが十人くらいでやってきて、隣のテーブルについた。

「あの女の子がいますよ！」。突然、森が半べそのような顔をして言う。どうしたのかと思ったら、なんと、ネットカフェの女子学生とその一家らしい。

彼女の顔は「化粧がケバイ」を通り越して「宝塚」のような有様なので、元の顔がどうなのか私には判別がつかなかったが、写真家の森は人の顔を覚えることについては天才的な能力の持ち主だ。それに彼女は私たちから顔を不自然にそむけているから間違いないだろう。

おいしいレストランを教えた女の子と教えてもらった男が、いきなり翌日にそこの店で出会う。しかも隣の席で。しかもちょうど男の誕生日。韓流ドラマも恥ずかしくなるようなベタな展開だ。

「これ、運命の出会いだよ！　声かけようぜ」。私がからかうと、森は本気でイヤな顔をして、「そういうのはほんと、やめて下さい」と言ったのだった。

そういうわけで、朝からげっそり顔の二人組は飯を食うと外に出た。イラン・リアルが少なくなったので街の中にある両替商の店に入った。

風変わりな店だった。狭い室内には中東から欧米、南米、東南アジアまで、世界中の貨幣の見本がショーケースに収められていた。壁も棚もやはり世界中の民芸品やお土産の類、それに引き伸ばされた古い写真で埋め尽くされている。大昔の探検家の書斎みたいだ。

そのコレクションの中に老人がひとり座っていた。頭にムスリムやユダヤ人が被る小さなキャップをのせ、頬肉が顎に垂れ下がり、猫背で、手足がやけに長い。

「シャイロックだ！」と思わず口に出しそうになった。実物を見たことないにもかかわらず、どう見ても『ベニスの商人』に出てくる高利貸しユダヤ人そっくりなのだ。室内の装飾品も、主《あるじ》の強欲さと見栄っぱりさを表しているようだ。

もちろんこのシャイロックはふつうのムスリムだ。高利貸しを兼ねている可能性はあるが、いちおう表向きは両替商だ。

「両替か。できるぞ、オレにできないことはないぞ。グフフフ」と意味もなく、シャイロックは笑った。

私が金を用意している間、森がシャイロックに「ウズンブルン、知ってる？」と訊いたら、今度は「ゲへへへ」とさらに下卑た笑いとともに、シャイロックは股間に両手をあてて、巨大な筒をピストンさせる動作を見せた。

え？　チンコが立つ？　チョウザメとはそういう意味があったのか？

シャイロックは面白がって、店の外にいた一見とても真面目そうなおじさんに「ウズンブルンがどうのこうの」と話しかけた。すると、そのおじさんが「うははは！」と突然大笑いの発作を起こした。床を転げんばかりの勢いで森に抱きついて肩をバシバシ叩く。どうかしてしまったかという反応だ。

間違いない。チョウザメはイランでは日本でいうスッポンか赤マムシみたいな存在なのだろう。日本でも、もし外国人が突然、「この辺に赤マムシありますか？」と訊いてきたら笑ってしまうだろう。それと同じだ。

チョウザメはワニのような異様かつ巨大な外観を誇る。それだけでも精力抜群の象徴になりそうだ。しかもチョウザメはつい最近まで「ハラーム」（イスラム教的に禁止）の食べ物だった。

イスラムでは「鱗のない魚は食べてはいけない」とされている。ただあまりに一般庶民に人気なため、ホメイニ師が「ウズンブルンには尻尾の近くに少しだけ鱗がある」とファトワ（宗教的見解）を発令し、やっと公に食べることができるようになったという経緯もある（ホメイニ師は国際社会で思われているような狂信的な人物でなく、バランス感覚を備えた人だったというが、これもその証左だ）。

つまり外見にプラスして、「こっそり食べる」という伝統がますます「セックスの前にこっそり精をつける」というイメージ造りに寄与したのではないか。

チョウザメの秘められた――そしてどうでもいい――謎が解けた。

同時に私の欲望が燃え上がった。セックスではなく酒だ。この俗っぽいじいさんなら絶対に酒を飲むはずだ。笑い上戸のおじさんが帰っていったのを見計らい、「酒、ないですか？」と訊いてみたら、じいさんは「ないね」と素っ気ない。

イラン人の癖はわかっている。最初はとりあえず、「酒なんて知らない」というポーズをとるのだ。そのあとでもう少し突っつけばいろいろと出てくるはずだ。

と思っていたのに、森が一瞬で話を戻した。

「ウズンブルンはない？」

「ああ、あるよ。ほしいか？　手伝ってやるよ」

じいさんも素早く立ち上がった。

おい、ふざけんなよ！　カッと頭に血が上った。チョウザメより酒だろうと言いたかったが、森にすれば、酒なんてどこでも飲めるがチョウザメはここでしか食べられないと言いたいのだろう。それは百パーセント正しく、気の早いシャイロックがすでに上着を着て出かけようとしているので何も言えず仕舞だった。

シャイロックは背中がすっかり丸まっており、足も悪そうだったにもかかわらず、ひょこひょこと早足で路地を歩く。「裏道が似合う人だなあ」と森が変なところに感心する。

シャイロックは一軒の食堂に入り、異常なほど分厚い手をしたシェフと何か激しい言葉でやりとりする。ペルシア語なのでよくわからないが「ムシケラ（問題）」という単語が何度も出るので、いい話ではなさそうだ。突然シャイロックは踵《きびす》を返すと、私の腕をひっつかんでどんどん歩いていく。

「どこへ行くの？」と訊いてもペルシア語で一言、二言わめいておしまい。英語を多少話せるのに、もう面倒くさくなっているようだ。江戸っ子並みに短気な人らしい。

車がガーガーと走っている大通りも、車をちらっとも見ず、まっすぐ歩く。私はひやひやするが、シャイロックは平気だ。

あまりに強引なので気づかなかったが、よく考えるとシャイロックはいい人だ。自分には何の得にもならないのに、私たちのために店を閉めてここまでしてくれる。短気なだけでなく親切心まで江戸っ子並みだ。もしかしたら『ベニスの商人』のシャイロックもこんな感じじゃなかったろうかと私は想像した。ビジネスにはシビアでも友誼《ゆうぎ》に篤《あつ》い人だったんじゃないか。

問題はまた昨日と同じ魚市場に来てしまったことだ。

「ウズンブルンはときどきしか出ないし、予約しないと買えないと言われたよ」とシャイロックに言うのだが、私の言うことなど耳を貸すつもりはないらしく、市場の男たちに喧嘩をふっかけるような勢いで尋ねて回る。

案の定、シャイロックは片っ端から「ノー」と言われている。昨日会った人たちは「どうしてまたここに来たんだ？　バンダレ・アンザリーに行けよ」と言う。あまりにそう言う人が多いので、「バンダレ・アンザリーの市場にはあるのかな？　もう一度行ってみようか」と考えていると、いきなりシャイロックに上着の襟首をぐいっと掴まれた。

「おい、金を出せ」。強盗並みの荒っぽさと説明のなさだ。

い。


「え、何？　ウズンブルン？」

「シッ！」。じいさんは口に指を当てて小声になった。「早く、金！」。

何なんだろう、いったい。よくわからないが、でもウズンブルンが入手できるらしい。

いくらかと訊くと、一キロ三十五ドル。イランの物価からするとむちゃくちゃ高い。酒ならいくらでも出す私が一瞬考え込んだ。でも森は、酒と違って、魚には鷹揚。

「美味いからなあ。いいですよ、僕が出しますよ」と気前よく言う。「でもその前に魚が見たい」。

意外なことに、シャイロックも魚屋の人たちも厳しい顔で首をふる。森は疑い深い性格だから、相手がちょっとでもこういう怪しい反応をすると、ピキッとコメカミに筋が入る。

「絶対に見る！」と早くも戦闘モードに入ってしまった森に向かい、シャイロックが手首を交差させた。お縄になるという仕草はどこの国でも変わらない。

「ノー！　ポリスに捕まる」

ほう、と思った。間違いない。なぜかわからないが、チョウザメは違法らしい。最近法律が変わったのか、今がたまたま禁漁期なのか不明だが、何か「ムシケラ（問題）」があるのだ。せっかくここまで探したのだ。酒を犠牲にしてまで探索しているのだ。絶対に食いたい。

「行こう！　金出そう！」と森をせっついた。森が金を数えている途中で、イライラしたシャイロックが札をひったくった。

「あ、おい！」。森がまたキレかけて、シャイロックと揉みあう。シャイロックも札を摑んで離さない。なんだか『ベニスの商人・イラン篇』みたいだ。

もっともこっちのシャイロックは欲得なしで、異常に気が短いだけだが。

なんとか金を店の人に渡し、みんなで店の奥に行くと、チョウザメの切り身が出てきた。独特のギザギザの背びれがあるから間違いない。

森がカメラを構えていると、他の人が私を突っつき、ガラスで囲まれたボックス（要するに会計所）に座るオーナーらしき人を指差した。

「彼はジャーポーン（日本語）を話す」

もしやと思い、ボックスの中に顔を突っ込むと、「こんにちは、日本人？」と流暢な日本語が返ってきた。四十代とおぼしきオーナーはホセインと名乗った。以前、千葉の銚子で働いていたことがあるという。

「チョウザメはダメなの?」と訊いてみた。

「売るのはダメ。でも食べるのはいい。イラン、おかしいね」。ホセインさんはニヤニヤした。違法の理由は依然として不透明だが、それより日本語なら周囲にいくら人がいても、平気で国や政府の悪口を言えるということに感銘を受けた。

ということはつまり……チャンスだ!

「ホセインさん、お酒、ある? 飲みたいんだけど」

「お酒? 何がいい? ビール、ウイスキー?」。ホセインさんは平然と答えた。

「え、何でもあるの。じゃ、ビール!」。ほとんど叫んでいた。

私の興奮ぶりにホセインさんは苦笑していた。自分は持っていないが、友達のところにあるという。その場で友達に電話をしてくれ応答がなかったものの、「夕方、また私に電話して。お酒はあるから大丈夫」とホセインさんは安心させるように笑った。

やった! チョウザメとビールをダブルでゲットだ。

しかし感慨にふける暇はない。「来い!」とシャイロックにまた腕を摑まれ、さっきの食堂に戻った。チョウザメの肉を渡し、夜七時までに料理を作ってくれるように頼む。森は「フライ、ステーキ、スープの三種類作ってほしい」と主張した。「調理によって味が全然ちがうから」という。

彼の魚に対するこだわりは私の酒並みで、呆れるやら感心するやらだ。

シャイロックには感謝するしかない。別れ際、「ありがとう！」と強く手を握ると、低い声で言う。

「酒、いるか？」

憶えていたのか。てっきり聞き流されていたと思ったが。この気短なじいさんにして、この慎重さ。あるいはそのくらい酒が好きということか。ウォッカを頼むことにした。

酒はビールとウォッカのダブル。肴はアシュバルとウズンブルンのダブル。

今日こそ、豪勢な森のバースデーパーティとなりそうだ。

遂に始まった酒宴の行方

午後はタクシーを借りてマースーレーという山間の村を訪れた。初老の運転手に、行きに「酒、ない？」と軽く訊いたところ「知らん」とぶっきらぼうに言われたが、それから三時間後、街に戻って車を降りるときにだしぬけに「酒がほしいのか？」と言われた。

会話の途中では無視し、最後に真意を確かめるのがイラン式らしい。

すでにビールとウォッカを確保しているので、残念ながらオファーを断った。これ以上酒を買っても飲みきれない。酒がありすぎて困るという贅沢な悩みに陥っていた。

ホテルに戻り、ホセインさんに電話をかける。

「ビール、何本?」「じゃあ、二本」という会話をホテルのロビーで大声でできるのは痛快そのものだ。英語やペルシア語ではどうしても付きまとうやましさが、日本語だと皆無になるのも面白い。ちょっと知り合いにスーパーで買出しを頼んでいるような気分なのだ。

七時すぎ、ホセインさんが車でやってきた。えらい美人の奥さんとまだ幼い子供たち三人を乗せている。これから週末のお出かけのようだ。

ホセインさんはトランクから黒いビニール袋を出して、こちらに手渡した。

「お金はいいよ」と静かに微笑んだ。

彼は日本にあまりいい思い出がないのか、対応にどこか醒めたところがあるものの、親切なことは間違いない。心からお礼を言った。

部屋に戻って袋を開けると、ハイネケンの五〇〇ミリリットル缶だった。しかも、冷えている！　製造場所は記載されていないので不明だが、傷だらけの缶に、遠いところからいろんな人の手を経てやってきたことがしのばれる。愛しくて缶の傷をさすった。

森と二人で食堂に行くと、すでに料理はできていた。ただし、料理は森の指定とかなりちがう。チョウザメはフライのみ、あとは野菜サラダ、鶏スープ、果物の盛り合わせだ。ここのシェフはえらくこすからい。チョウザメは貴重なので、渡した肉の半分は使わず、自分の店用にとってしまった。そして他の普通の料理を作って、どんと二千円近くも要求する。彼の利益は五千円近いんじゃないか。

さすがペルシア商人だ。実に抜け目がない。

当然のように森はコメカミに筋を入れて怒りだしたが、私としては早く一杯やりたい。せっかく冷えているビールが温まってしまう。

シャイロックはここでも誠実さを発揮した。森に加勢してシェフに抗議し、多少値引きさせたうえ、山のような料理の皿をアルミホイルで包ませ、しかも半分以上、自分で持った。「オレは慣れている」と言う。

彼は足を引きずりながら、ひょいひょいと早足で週末の雑踏を掻き分ける。道行く人々が料理を持った変なじいさんと珍しい東アジア人旅行者二人の組み合わせを「なんだ、こいつら」という目で眺めているがおかまいなし。

「人間、見かけじゃわかんないですねえ」と森が歩きながら言う。「シャイロック、怪しい奴かと思ったら、ほんといい人ですもんね」。

ホテルの部屋に到着したとき、シャイロックはぜえぜえと息を切らしていた。皿をテーブルの上に置くとパーティ気分が盛り上がる。

「ほんとうにどうもありがとう！」と彼と握手をしようとしたら、シャイロックは無視し、「あー、疲れた」と言って、マフラーをはずし、上着を脱ぎだした。しかも丁寧にたたんでベッドの上に重ねている。

キョトンとしたわれわれに頓着せず、「お、ハイネケンじゃないか！」とシャイロックは目を輝かせる。パカッとプルトップを空けるとコップにざばざば注ぎ、ゴクゴク気持ちよく飲みだした。

ぶはーっと息を吐き、「いやあ、ビールは美味い。あ、あんたらも遠慮しないで飲め」とシャイロックは親切な口調で言いながら、バリバリとアルミホイルをはがして、手摑みで料理にかじりついた。その姿はまさに強欲なベニスの商人である。

なんてこった。誠実でも親切でもない。最初っから、自分でチョウザメが食いたく、自分で酒が飲みたかったのか。しかも私たちが卓に着く前に勝手に始めてやがる。

森はまたしても半べそになっている。二日連続で誕生日祝いがぶち壊しだ。呑み助の私としても、肝心の最初の乾杯がなし崩しにされてしまい、憤懣《ふんまん》やるかたないが、こうなってしまってはしかたない。ぐずぐずしていると、チョウザメとビールを全部この強欲じじいに奪われてしまう。

二人して急いでテーブルにつき、乾杯も何もなくビールを喉に流し込んだ。最初の一杯の感動は薄れていたが、それでもビールは美味かった。ビールには他の酒にはない潤いがある。ひんやりした泡がはじけて体の隅々に回り、みるみるうちに凝りをほぐしてくれる。

チョウザメも評判どおり美味かった。意外なことに、私の経験した中では、ワニ肉やアマゾンの巨大魚ピラルクの肉に似た味だった。口にしたときはふつうの白身魚のようで、噛んでいるとしこしこと歯ごたえが出て「肉」っぽくなる。そういえばピラルクもチョウザメも古代魚だ。何か関係があるのかもしれない。

だが本日の主役は実はチョウザメではなかった。マーヒーセフィードの卵を発酵させたアシュバルである。発酵からくる旨味、たらこのような粒の弾ける食感、天然荒塩のほんのり甘みのあるしょっぱさに「おお！」と唸ってしまった。なるほど、最高の酒の肴だ。

シャイロックはゴキゲンだ。「今日は家を出てくる前にシャワーを浴びて、髪をとかして、新しい服に着替えてきたんだ。かみさんに『あんた、どこ行くの？』って変な顔をされたよ」と嬉しそうにしゃべりながら、六十代とは思えない食欲で食い続ける。手も口の周りも油やら何やらでべたべただ。

森はずーっと憮然としているが、私はだんだん愉快な気持ちになってきた。ガシャガシャと皿を手でかき回すシャイロックの粗野で手前勝手なやり方も微笑ましく思えてきた。そういえば、シャイロックはウォッカを持ってくると約束していたのに手ぶらだ。

「いや、手に入らなかったんだ」と軽く言われたが、それもさして気にならなかった。ふつうならビール五〇〇ミリリットル缶くらいで酔うことはまずないが、今はびっくりするほど気持ちいい酔いに支配されていた。

「昔はよかったよ。お祈りも酒も両方あった」とシャイロックが私の心を読むように言う。「それがいいんだ。今はお祈りしかない」。

そうだよな。偏狭なのはよくないよな。多少異物感があっても、大目に見なけりゃ、人間世界は息苦しくてやってられないよな。それにシャイロックは心底楽しそうだ。人が楽しむ景色はいいものだ。

憮然とした相棒と、一人ではしゃぎまわるイランの老人を交互に見ながら、酔っ払いはどうしても口元が緩んでしまうのだった。

タクシー運転手が来なかった夜、
「チキンが美味い店」と紹介されて行った店は
ＫＦＣそっくりのＢＦＣだった。がっかり

イラン北部、
ラシュトのバザールで
意外とあっさり
見つかったアシュバル

カスピ海沿岸の
バンダレ・アンザリーで、寒空の下、
地引き網漁を見学中にイスラム圏で初目撃！
白昼堂々の酔っ払い（左）とその友人

小さなウズンブルンを手に
シャイロックと記念撮影

身ぎれいにしてきたシャイロックは
ホテルで勝手に酒を飲んだ

第4章

「モザイク国家」でも飲めない!?

――マレーシア

カンボジア
ベトナム
フィリピン
南シナ海
タイ
マレーシア
ブルネイ
●クアラルンプール
●マラッカ
シンガポール
インドネシア
インドネシア
ボルネオ島
スマトラ島

Malaysia

バスターミナルの悲劇

「もう全部見たじゃない。ないよ、諦めようよ」

「ダメだ！　まだ見落としてる店があるかもしれん」

私はザックを背負ったまま、マラッカのバスターミナルを血走った目で歩いていた。後ろを呆れ顔で妻がついてくる。

私たちは酒を探していた。クアラルンプールから三時間バスに揺られ、すっかり喉が渇いていた。

「街に出る前に一杯ひっかけよう」と言いだしたのが運のつきだった。

地方都市には不釣合いに大きいバスターミナルには、飲食店や雑貨屋が二十軒以上もある。どこかには酒をおいている店があるはずだ。そう信じていたが、探し始めてすでに三十分以上が経過していた。どれもこれも、一度ならず目にしている店ばかりだ。

ふつうに考えるなら、さっさと諦めて宿に向かうべきだろう。しかし、「いったん飲むつもりになって飲めない」というのは酒飲みにとって堪え難いものがある。必死で探しているうちに「Ｒｏｏｔ Ｂｅｅｒ」という文字が目に入った。

「あ、あった！」

私は叫んだ。

「ビールだ！」

「いや、それ、ちがうよ！」

妻が制止するのを振り切ってザックごと店に飛び込んだ。なぜか、いちばん酒がなさそうなハンバーガーショップだ。しかし、そんなことはどうでもいい。私はカウンターに走りより、スカーフで頭をすっぽり覆ったバイトらしき女の子に訊いた。

「ルートビールっていうのは、アルコールが入っているよね？」

「えっ？」

ムスリムの女の子は戸惑った顔をしている。

「あ、もういい。ルートビール一杯ください」

いらいらして私は頼んだ。

出てきたのは、ギネスに似た黒ビール。おお、いいじゃないか。

女の子が「アイスクリームを入れますか？」と変なことを訊くのが多少気にかかったものの、「ノー」と返事するのももどかしくグラスをテーブルに持っていき、グッと一息にやった。そして、絶句した。

黒ビールでもなんでもない。ドクターペッパーをまずくしたようなジュースじゃないか。

ショック死しそうになった。

「だから、言ったでしょ、ルートビールはビールじゃないって」

隣で妻が心底呆れた顔で言った。周囲の客や店員も妙な外国人の私をじっと見ていた。

私は黙ってため息をついた。英語圏にほとんど行ったことがなく、英米の文化にも疎い私は本当に知らなかったのだった。

私は酒飲みである。休肝日はまだない。

妻も酒飲みであり、結婚当初は「倒れるまで飲まないと飲んだ気がしない」と言っていた。最近では酒量こそずいぶん落ちたものの、週末は「朝ビール健康法」などと称して朝から一杯やっているし（私もやむをえずその健康法にしたがっている）、私と同様に「休肝日」とか「γ－GTP」という単語を聞くと意識を失ったふりをする。

そんな二人はマレーシアに来ていた。二〇〇五年七月、クアラルンプールの日本人学校で講演をするという用事にかこつけてのことだ。

さて、私たちはマレーシアを甘くみていた。

イスラム圏だとは重々承知していたものの、多民族国家だから当然酒くらいあるだろうと思っていたのだ。

それは間違いでなく、酒はあった。でも、どこにでもあるわけではない。まず、ムスリムであるマレー系のレストランや食堂には置いてない。インド系もあまり飲酒をしないので、その系統の飲食店でもない。雑貨屋はたいていがマレー系経営なので、ここでもアルコールを見つけるのは難しい。

結局、酒が飲めるのは主に中華料理屋なのだと判明した。マレーシアの中華はなかなか美味いが、中華の店にはほぼ華人しかいなくて（ムスリムが豚肉三昧の中華飯屋に来るわけがない）、言葉も中国語だから、全然マレーシアに来たという気がしない。しかも、華人たちもビールをちょっとするくらいで、飲んでない人の方がずっと多い。

民族が互いに棲み分けをしている「モザイク」国家なのに、どうも酒については、中国系も遠慮気味である。周りが遠慮気味だと、こちらも気持ちが解放されない。たった三日で欲求不満が高まっていた。


私たちは事態打開のため、マラッカに出かけた。

理由はちゃんとある。ここに「ババ・ニョニャ」なる人々が住んでいるからだ。

ババ・ニョニャはガイドブックやネットの情報によれば、その昔中国大陸から来た人の子孫だという。しかし、いわゆる華人（華僑）ではない。華人は基本的にみな中国語（福建語や広東語が多いが）を話す。

ババ・ニョニャは中国語を解さずマレー語を母語とする。その昔、大陸から来た中国系の男（ババ）が現地のマレー女性と結婚した。その子供たちを男子はババ、女子はニョニャ、合わせてババ・ニョニャ（一般的には「ニョニャ」）と呼ばれるようになった。中国人の定義とは中国語が多少なりとも話せることだから、華人とは一線を画し、建築や料理では中華とマレーを折衷した独自の文化をつくっているという。

ここなら、南国情緒あふれる料理を味わいながら美味い酒が飲めるのではないか。

そう思ったのだが、初っ端からつまずいてしまったわけだ。

だが、勝負は街に出てからだ、と私は気を取り直した。「勝負」とはもちろん酒を飲むことである。

ババ・ニョニャのルーツはわかったが……

マラッカで宿をとると、さっそくガイドブックお奨めの店に行ってみた。料理はたしかに美味い。クアラルンプールで食べた中華よりスパイシーでもある。しかし、具体的にはっきり憶えていないのは、頭が酒のことでいっぱいだったからだ。酒飲みが「酒のことで頭がいっぱい」というのは、酒がちゃんと飲めていないときを意味する。

まず、雰囲気からして私の期待とちがう。広い円卓で、客はみんな大家族でやってきている。子供が多いし、酒を飲んでいる大人も少ない。私が観察したところでは、ビールを一、二杯ずつくらいである。シンガポールの影響か、クアラルンプールもそうだったが、ここも禁煙だ。タバコが吸えない。そのせいか長居はせず、食い終わったらさっさと帰る。

何かに似ていると思ったら、日本のファミレスそっくりだ。ファミレスで飲むビールは味気ない。

なにより堪え難かったのは、最初にご飯を山盛りにした皿をどかーんと持ってくることだ。

「いいから、さっさと飯食え！」と言われているような気がする。出鼻をくじかれるどころか、出鼻に右フックを喰らったような感じだ。

ゆっくり肴をつまみながら、杯を傾けて……という、望ましい展開にどうしてもならない。そそくさと食って、終わってしまった。

翌日も別のニョニャの店に行ったが、状況は同じだった。未練がましく、腹いっぱいなのにビールをちびちび飲んでいたら、たちまち客は私たちだけになってしまった。

妻も意気消沈、互いに話も弾まないし、被害妄想だろうが、「この日本人、いつまでも酒を飲みやがって……」という従業員の声が聞こえるような気もする。半ば取り繕いの意味もあって、近くに来たオーナーらしき女性に声をかけた。

なんとなく話し込んでいるうち、だんだんニョニャの由来がわかってきた。本に書かれているニョニャの話には多分にウソがまじっているようだ。

ガイドブックや一部のネットでの情報では、昔のマラッカ王国に嫁いだ明朝の王女の遺臣の子孫がニョニャだとか書かれているが、オーナーによれば、「私たちの祖先はみな、福建省から来ました」という。

私たちも昼間、見学していた「ババ・ニョニャ・ヘリテージ」というマラッカきっての観光名所も問題物件だと判明した。ニョニャの古い家がそのまま残され「これがニョニャ文化だ」と謳っているが中味は純粋な中国文化に欧風趣味がまざった代物で、マレー系の気配などまったくなかった。それもそのはず、その家はただ二十世紀初頭にゴム園で儲けた成金のニョニャが金にあかせて、中国やヨーロッパから贅沢な家具や美術品を取り寄せただけだという。

「ニョニャ」という言葉の意味は、本人であるこのオーナーも知らないようだったが、なんとなく察しがついた。おそらく女性を意味する「娘々《ニャンニャン》」から来てるのだろう。

ババ・ニョニャの名前は三音節からなっている。それはふつうの華人と同じだが、女性、つまりニョニャの場合、必ず最後に「ネオ」がつく。例えばこの店のオーナーの名前は「チャン・チュア・ネオ」だ。ネオは「ニョ」とも聞こえる。

これは福建語で「娘」のことらしい。日本でいえば「～子」みたいなものだろう。ニョニャの人々は中国語を忘れてしまっているから、そもそも凝った名前はつけられない。だから、男子に比べ、重要性の低い女子にはとりあえず「子」をつけるようになった……。昔の日本人にもあったことだし、まぁそんなところじゃないだろうか。

気を紛らわすために思わずニョニャの取材に励んでしまったが、気分はいっこうに晴れない。目下、私の関心ごとは知的興味より酒的興味である。花より団子、ニョニャより酒なのである。


こう書いていると、マラッカには酒を飲むところが全然ないみたいだが、実は飲めるところはいくらでもある。しかし、それはみな、洋風のバーかレストランだ。今更、本格的なイタリア料理屋へ行ってもしょうがないし、バーはだいたい暗くてひっそりして怪しい。

いや、怪しいのはいいのだが、現地から隔絶されている。イスラム圏ではどこでも酒を求めると現地から遠ざかり外国人向けになっていくが、ここマラッカでも例外ではない。そこをなんとか打破したいなどと思うから、なおさら苦悩するというなんとも面倒くさい酒飲みの私たちなのだった。

陽気なるポルトガル租界

マラッカ三日目、私たちは新しい情報をゲットした。

十六世紀の大航海時代にやってきたポルトガル人の子孫がいて、コミューンさながらの集落をつくっている。その一角にポルトガル料理屋があるという。

「よっしゃ!」と私は奮い立った。もはや、マレー系から思いきり遠ざかっているが、それでも「現地」の店にはちがいない。なにより、ポルトガルの子孫が酒を飲まないわけがない。

日が暮れても極度に蒸し暑い海辺の町を汗だくになって、レンタサイクルのペダルを漕ぎ、通称「ポルトガル村」に出かけた。だが、着いてみれば、東南アジアのどこにでもあるような飯屋街だった。屋外に出されたガタガタのテーブルに、ランニングシャツの無愛想なオヤジが面倒くさそうに料理を持ってくる。客もまばらだ。

飯はそれなりに美味い。話ではポルトガル料理と中華がミックスしたようなものと聞いていたが、味付けや雰囲気は不思議なくらいニョニャ料理に似ている。

思えば、スパイス(香辛料)はトウガラシにしてもコショウにしても、ポルトガル人やオランダ人が広めたのである。それなくしてマレー料理はない。いっぽう、ナシ・ゴレンやナシ・チャンプルなどを見ればわかるようにマレー料理には炒め物が多く、中華の影響がもともと強い。

つまり、ニョニャ料理もポルトガル子孫料理もマレー料理も、〝中華〟と〝スパイス〟という共通の出発点を持っているわけで、これこそ私たちが求めていた、ある意味で究極の「現地の味」ということになる。

だが、肝心の酒がいかん。ここも他の酒はなく、ビールのみ。そのビールも冷えが甘い。クアラルンプールもそういう傾向があったが、どうにも現地の人が「酒飲みの気持ち」に無頓着だ。飲まない人にとっては「冷蔵庫に入ってりゃいいじゃん」と思うだろうが、微妙な温度が酒飲みにとっては大問題なのだ。贅沢だと言われてもそうなのだ。

ましてや、私たちは「今日こそ飲むぞ！　たらふく飲むぞ！」と無駄に意気込んでいたので、またもや深い失望感に襲われた。

重い足取りで引き上げようとしたら、ふと、別の店の奥に薄暗い灯りが見えた。その光の反射に私はハッとした。あれはボトルのきらめきではないか!?

すかさず突入すれば、そこはまさしくバーだった。狭くてゴタゴタしていて、新宿のゴールデン街にありそうな、正真正銘の「現地バー」だ。ビールはもちろん、ウイスキー、ラム、ジン、ウォッカのボトルがずらっと並び、私は興奮で目がくらくらした。

「ハッロー！　どこから来たの？　ジャパン？　そりゃすごい！」

陽気なマスターが満面の笑みで出迎えた。

マスターは色黒だが、彫りの深い顔立ちをしたポルトガル系だった。客はみな常連で多くはポルトガル系だが、それぞれいろんな血が混ざっているようだ。

さっそく、スコッチのロックを頼んで痛飲する。その美味いこと！　喉と胸が焼ける感触がたまらない。ビール以外の酒はなんて久しぶりなんだろう（もっともたかだか六日ぶりくらいだが）。

もちろん、タバコも吸い放題で、ここがマレーシアというのが信じられない。さながらポルトガル系の「租界地」だ。

マスターは六十すぎ、白髪まじりの長髪を後ろでチョンマゲ風に結わえている。

「退職してから店を開いたんだ。酒が好きだし、音楽も好きでね」

いいねえ。酒飲みはこうでなきゃいかん。

マスターは英語が堪能だが、ポルトガル語もちゃんとしゃべる。マラッカのポルトガル語は、冗談好きな彼曰く「十六世紀のアンティークみたいな言葉」。ちなみに、ここでの呼び名はずばり「キリスト語」で、彼らの祖先がやってきた経緯を雄弁に物語っている。

彼らの「キリスト語」はちょっと聞いても、本国ポルトガルよりブラジルの言葉に近い。マスターも「ブラジル人のほうが話がよく通じる」と言う。遠くに古い形が残るという言語学的傾向がここでも見られる。そのせいか、ブラジルへ出稼ぎに行く仲間もいるんだそうだ。

そういえば、この店の雰囲気はブラジルによく似ている。

肌の色も、顔つきも種々雑多。客として（！）バーに来ているマスターの奥さんはニョニャだったし、娘婿は「カンガルー（オーストラリア人）とのハーフ」だというし、他にもマレーや華人の血が入った者もいる。純粋な華人すらいる。

老いも若きもいる。男はもちろん、女性もいる。ここはポルトガル系の「租界地」だが、酒飲みの「租界地」でもあるのだ。「民族のモザイク」ではなく、これぞ「民族のるつぼ」で彼らの共通言語は「酒」である。

いい加減、酔っ払ってきた頃、突然、マスターがギターをかき鳴らし、大声で

「ラ・バンバ」を歌い始めた。タンクトップ姿の女の子たちがタンバリンやマラカスを振り回し、手を叩いて、踊って、騒ぐ。ぐいぐい飲んでは酔っ払う。

私が写真を撮ると、フラッシュの光に「キャッホー！」と歓声が起きる。

「これだよ、これ！」

私は妻に向かって叫んだ。妻も何か叫び返したが、もはや喚声にかき消され、よく聞こえない。

今までビールだけじゃイヤだとか、ゆっくり飲みたいとか、ずいぶん我がまま放題だったが、私が本当にやりたかったのは一番ふつうのこと、つまり「現地の人たちとわいわいがやがや飲む」ということだったのだ。

これがマレーシアらしいかどうか多少の疑問はあったものの、酒が存分に飲める今、もはやそんなことはどうでもいいのであった。

通称「ポルトガル村」で
飲み屋を発見！
六日ぶりにビール以外の酒に
ありついた

客はみな常連で、
多くはポルトガル系。
なぜか女性が多かった

マスターの歌をバックに、
マラカスを手にして
ノリノリのお姉さん

カウンターの中でギターを
かき鳴らす陽気なマスター。
「ラ・バンバ」を歌いはじめた

◉写真　高野秀行

第5章

イスタンブールのゴールデン街

――トルコ・イスタンブール

Turkey

Istanbul

生まれて初めてフライトに乗り損ねる

私は酒飲みである。休肝日はまだない。嬉しいことがあれば祝い酒を、イヤなことがあればヤケ酒を飲む。だが、しばしば誤解されるように、アル中では決してない。イスラム圏にだって酒を飲みに行ったことはない。いつも何か他の目的があって行く。酒なんか二の次で、なければないで我慢する。

そう言うと、「我慢してます？」とカメラマンの森清が疑わしそうな目で見た。なんだ、その目は。まるで私がアル中のようじゃないか。

「してるよ。だから今回もイスタンブールは素通りする」

私はえらそうに宣言した。森はあくびをしていた。

二〇一〇年十一月、私は突発的に「ユーフラテス河をカヌーで下ったら面白いんじゃないか」と思いつき、実際に可能かどうか下見に出かけた。

この辺の単刀直入さや唐突さはいつもと同じだが、今回は不安材料があった。いろんな成り行きで連れが三人もいることだ。森のほかに週刊誌編集者の織田曜一郎《おだよういちろう》君とライターの末澤寧史《すえざわやすふみ》がついてきた。末澤はイスタンブールの大学に留学していたことがあり、トルコ語をかなり流暢に話す。トルコやイスラムについていろいろと詳しく、前にも一緒にトルコ東部を旅したことがある。

三人とも私と親しく、ユニークなメンツだが、心配なのは人数だ。四人なんて大人数は機動力にかけるし、面倒なことが起きそうな気がしてならない。

その予感は初っ端から的中した。

日本からイスタンブールに着いたあとは、そこで酒盛りなどせず、即座にユーフラテス河源流部に近いワンという町に飛ぶ予定にしていた。ワンでは酒が入手しにくいと知っていてあえてそういうスケジュールにしたのだ。いかに私が酒なんか眼中にないかおわかりだと思う。

ところが。イスタンブールを出発する日の朝、末澤は知り合いに会いに行ったきり、ホテルの出発時間を三十分過ぎるまで帰らず、森と織田君は両替を済ませていなくて……とドタバタやっていたら時間が飛ぶように過ぎ、アタテュルク空港のカウンターで「チェックインはもう終わりました」と言われてしまった。

十九歳で初めて飛行機に乗ってから二十五年。何百回と乗ってきたが、初めてフライトに乗り損ねた。しかも遅刻。

今更どうにもならないので、変更料を払ってフライトを明日に変えてもらい、またタクシーに乗って市内に戻った。

まったくバカな連中と一緒に来たものだ。冷静を装っていたものの、腸《はらわた》は煮え繰り返っていた。

丸一日を無駄にしたショックは大きい。イスタンブールはもう通算五回も来ているから、今更見るところもない。やることといえば、ヤケ酒を飲むくらいしかない。

同じホテルに戻り、顔なじみのスタッフに「どうして帰ってきたんだ！」と仰天されたあと、どこで飲もうかとしばし考えた。

末澤が先ほどの失敗など気にするそぶりもなく、「エジプシャン・バザールに知る人ぞ知るオスマン帝国の宮廷料理を出す店があるんですけど、どうですか」とぬけぬけと言う。

エジプシャン・バザール？　私は記憶力を総動員した。酒飲みの記憶力は酒にかかわることについてはスパコン並みのスペックを誇る。

「あそこはモスクの隣だったんじゃないか」。イスタンブール最大の名所、トプカプ宮殿さえどこにあるか知らないのに、そんなことだけはしっかり憶えていた。

トルコはイスラム圏ではもっとも酒に寛容な国の一つだ。建国の英雄にして「国父」であるケマル・アタテュルクが政教分離を国是とした結果だ。

特に国際都市であり、半分以上はヨーロッパ側にあるイスタンブールはいつでもどこでも酒が飲めると思われている。実際、私もイスタンブールに過去五回来ていて、ふつうに飲んでいるが、その一方で、意外な落とし穴に何度かひっかかっている。

例えばモスクのそばのレストランやカフェでは酒を出さないことがある。「モスクから半径百メートル以内では酒を売ってはいけないんだ」と言われたこともある。イスラムにメートル法はないはずだから疑問だが、要するにモスクの近くでは酒を遠慮するという慣習があるのだ。ところが困ったことにイスタンブールはオスマン帝国の首都だっただけに、そこら中、由緒あるモスクだらけ。つまり、「禁酒ゾーン」は想像以上に広い。

以上のようなことを一瞬に計算して、私は宮廷料理レストランは酒が飲めるかどうか怪しいと判断した。だが、そのまま言ったりしない。まるで自分が酒のことしか考えていないかのような誤解をみんなに与えるから……という、これまた酒飲みならではの演算が自動的に働き、こう答えていた。

「宮廷料理？　そんなしゃちほこばったところはいいよ。もっとざっくばらんなところがいい」

正確には「ざっくばらんに酒が飲めるところ」であるが、そこは仲間たちが私の意を汲んでくれるだろうと判断した。

「じゃあ、どこに行きます？」

そう訊かれて考え込んだ。

イスタンブールでは他にもいろいろと落とし穴がある。例えば、私は屋外で一杯やるのがことのほか好きなのだが、オープンエアのカフェやレストランでは、酒が飲めないことがある。

イスラム圏では、たとえ飲酒を法的に禁止していない国でも、「酒は不特定多数の人々が見ている公共の場では控えるべき」という不文律が存在する。政教分離の世俗国家トルコでもこの不文律から完全に自由ではない。

おかげでいったんテーブルについて注文してから「酒がない」と言われてがっくりしたことも二、三度ある。酒のために注文をキャンセルするのは恥ずかしく、かといってそのまま酒なしで食べる食事はどんなに美味くても「後悔」のスパイスがふりかかっている。

さらに、酒をちゃんと出すオープンエアのカフェ、レストランはいかにも外国人観光客向けの場所が多く、しらけてしまうことが多々ある。

現地の人がわいわいがやがややっているところで、ざっくばらんに杯を重ねたいのだが、なかなかそううまくいかないのだ。

イスタンブールで唯一その理想が叶ったのは、今回の旅の四年前、やはり森や末澤と一緒に行った新市街にある屋上ビア・ガーデンだ。

八月でまだ暑い盛りだった。客はほぼ全員がトルコ人。タンクトップの女の子たちまでいて、平然とジョッキを傾けていた。私たちは近くの魚市場で一つ、二百円か三百円という激安のカラスミを一人一つずつ肴として買い込んでいた。屋上ビア・ガーデンはおおらかな空間で、持ち込みのつまみを咎められることもなかった。

真っ赤な夕日がイスタンブールの街に沈んでいくのを見ながら、カラスミを丸かじりしつつ、生ビールを流し込んだあの夕暮れは忘れられない。

だが、今はもう晩秋。昼間でも寒くて屋上でビールなど飲む気になれない。というより、ビアガーデン自体が営業していないだろう。

それに、一刻も早くユーフラテス河に行きたかったという悔しさが反転して、今は一刻も早く飲みたいという欲求に変わっていた。

「近場にしよう」と私は言い、ホテルから徒歩三分の駅前の路地裏の店に決めた。レストランというよりむしろロカンタ（食堂）に近い。狭い路地に出されたテーブルも開放感があっていい。

ケバブや煮込みなどをさんざん注文してから、さてビールを頼もうとすると、なんとメニューにない。

え、なんでだろ……と思って気づいた。

だから、オープンエアのカフェレストランには気をつけろって言ってたじゃないか！　いったい何遍同じ手にひっかかれば気が済むんだ！　酒飲みの記憶力こそ穴だらけなので同じ過ちを何度でも繰り返してしまう。

今度は自分に対する怒りが炸裂しそうになったが、幸いにもここの店は私のような愚かな外国人観光客に慣れていた。

「ビールはあるよ。大丈夫」と店員の兄ちゃんは笑い、向かいの店からビールを持ってきた。カムフラージュのため、プラスチックのコップに入っていた。

めでたいことは何一つないが、とりあえず乾杯し、一気飲み。トルコのビール「エフェス」はアルコール度数が低く、味も薄くて、世界で最も評価できないビールの一つだが、喉が渇いているから、それでも美味い。ついでに料理も予想以上に美味で、われわれ四人は話もせずにがっついた。

プラスチックコップの中身はあっという間になくなったが、日陰の屋外はひんやりしており、ビールを続けて飲みたい気分でもない。かといって、ここにはワインやラク（トルコの葡萄焼酎）はないようだ。

時計を見ればまだ午後一時半。いったん酒は切り上げて、ちょっと街をぶらつき、日が暮れたら仕切り直して飲むことにした。

驚くべき隠れ家レストラン

たまたま三日前、クルド人過激派による爆破テロ事件が起きていたので、その現場を見に行った（死亡者は犯人のみだったせいか、軍や警察の姿もなく、のんびりしていた）あと、フェリーでボスポラス海峡を渡り、アジア側の街を歩いた。ヨーロッパからアジアへ渡るといっても、たかだか二、三キロしか離れていない対岸で、特に変わったことは何もない。

すっかり退屈して、また船でヨーロッパ側に戻ったのだが、その景色は筆舌に尽くしがたいものだった。

ちょうど夕暮れで、細い海峡の彼方に黄金の太陽が沈もうとしていた。丘の上のモスクがいくつもシルエットとなって浮かび上がり、残光は海峡を黄金色に染めてまっすぐ私たちの方に向かってくる。ヨーロッパ側の岸辺には、オスマン帝国の皇帝が建てた豪華絢爛たるドルマバフチェ宮殿が、まるで脇役のように畏まっている。

これが三千年の間、華やかな都でありつづけていた街の姿か。キリスト教からイスラムへ、さらにはアタテュルクによる脱イスラムの共和国政府へと支配層は変わっても、微動だにしていない。

あまりの美しさに息を飲みつつ、思った。

——ここで一杯やれたらな……。

ゆるやかに船に揺られ、この眺めを見ながら飲む酒はどんなに美味いことだろう。だが周りを見渡しても飲めそうなところはない。

海峡を渡ると、日はもう沈んでいた。私はただちに飲みに行きたかったが、末澤がまた「ちょっと宮廷料理の店を見に行きましょう。閉店時間が早いけれど、まだ開いてると思いますよ」と言いだし、森も「うん、俺もそこを見てみたい」と同調する。イラッときたが、我慢して後をついていった。

エジプシャン・バザールは私の記憶通り、海辺に面する大きなモスクの隣にあった。大きなアーケード式の商店街だ。

入口はいつものように外国人観光客でごった返している。こんな超観光スポットにガイドブックにも載っていない名店があるのかと大いに訝《いぶか》りながら、バザールの門をくぐると、すぐ脇に上にあがる階段がある。トイレか物置につづくとしか思えない古びた狭い階段を上っていって、驚いた。

「PANDELI」と書かれた欧米風のシックな木調の店が現れ、そのガラス張りの扉を開けると、白いテーブルとワインのボトルがずらっと並んでいたのだ。

今までトルコでは見たこともないような高級レストランだ。しかもあのワインボトルを見るだけで、この店が酒にひじょうにこだわりをもっていることがわかる。

応対してくれた給仕の接客はしかし気さくで親切。末澤が言ったように、ここは昼間のみの営業で六時閉店だという。エジプシャン・バザール自体が夕方に閉まってしまうからだ。

時計を見たらもう五時を回っていた。客は誰もいない。食事は無理だが、せっかくだから一杯飲もうということになった。

内装もすばらしい。店内は四つか五つの部屋に分かれ、各部屋の屋根はモスクを模したドーム型で、シャンデリアが輝いている。壁はトルコの誇るイズニック・タイルというターコイズブルーのタイルが貼り巡らされ、東側の窓からはボスポラス海峡の冥《あお》い海と名物の鯖サンドウィッチ売りの船が、西側の窓からはエジプシャン・バザールのネオンの輝きが年代物の鉄格子ごしに見える。

どちらの眺めをとるか一瞬迷ったが、海の見える窓側の席に腰を下ろした。メニューをみると、ワインはもちろん、ビール、ウイスキー、ジン、ウォッカなど、ありとあらゆる酒を取り揃えている。酒も飲めるどころか酒をメインにした店と言ってもいいくらいだ。

まさかモスクの隣にこんな店があるとは、と夢心地のまま、ラクをグラスで一杯ずつと、酒の肴にチーズを頼んだ。

給仕はラクのボトルとグラスを持ってくると、「ドゥーブレ？」と訊いた。最初意味がわからなかったが、ラクをグラスに半分注ぎ、残りは水で割るというのをフランス語式に「二倍にする（ドゥーブレ）」と呼ぶらしい。

このドゥーブレのラクが美味い。思いがけない出合いなだけに、つむじ風にするっとさらわれるような感覚をおぼえた。そして、チーズ。トルコで一般的な白いヤギのチーズだが、ふだん食べているものより、しっかりしていてコクがある。そして実にラクによく合う。

参りましたというほかない。

こんな名店がガイドブックにも載っておらず一般の旅行者にあまり知られていないのは、夜に営業しないからだろう。昼間のみの高級レストランなど、聞いたことがない。

おかげで完全に隠れ家レストランとなり、モスクの隣なのに、平気で酒を出せるのだろう。人目を避けているからだ。

この店を紹介した英語のパンフレットのようなものがテーブルに置かれていた。それによれば、店の創業はなんと一九〇一年。ほんとうにオスマン帝国時代である。創業者は店名と同じギリシア人のパンデリ氏。同氏の写真もあり、両手にワイングラスを持って微笑んでいる。間違いなく酒飲みである。ちなみに、ギリシアのアテネにも支店があるらしい。

創業当時からこのレストランは政治家、芸術家、俳優、歌手など有名人御用達の店で、国父アタテュルクに至っては「イスタンブール滞在中は必ず昼食をここで摂った」と書かれていた。そして今でも有名人の集う店であることは、壁のあちこちに着飾った人々の写真やサインがあることからも察せられる。

理想の飲み屋街は実在したどころか……

いい感じで酔った。

「次、どこに行きます？」と末澤が言うので、「立ち飲み屋はないの？」と訊いた。人のざわざわしているオープンな飲み屋でひっかけたいという気持ちが、隠れ飲み屋のさりげない一杯でますます強くなっていたのだ。

「あるわけないでしょ。新宿じゃないんですから」と末澤は呆れかえった。しかたない。「バーが連なる通りが新市街にある」というからそこに行くことにした。

ネヴィザーデというその飲み屋街に入るなり、呆然としてしまった。たまげたことに、街の一区画がまるで新宿のゴールデン街のように、まるごと飲み屋街になっているのだ。

ネオンが煌めき、二階のバルコニーはもちろん、道にもテーブル席があふれかえっている。外国人もいるが、トルコ人も普通にいる。いかにも地元人らしき会社員や学生らしき人たちが普通にビールを飲み、客引きや給仕が酔客の笑い声に負けないよう胴間声《どうまごえ》を張り上げている。

私が夢に描いていた「人がざわざわしていてオープンエアの飲み屋」が、私の夢以上の規模と活気で展開されていた。

「末澤、こんなとこがあるならもっと早く教えてくれよ！」

喜びの中にわずかに悔しさのにじむ口調で文句を言うと、末澤はキョトンとした。

「前も来ましたよ、ここ。ほら、四年前に屋上のビア・ガーデン行ったでしょ？　あれ、ここですよ」

「えーっ!?」

どうやら酒飲みのスパコンは、いったんアルコールがインプットされると全情報が自動的に消去されるようだ。

店を見て回ると、店の奥までテーブルが客でぎっしりと埋まった店もあれば、客がただの一人もいない店もある。一見の客がでたらめに来る場所でなく、常連の集まる区域であることがよくわかる。人気の店は早く満杯になり、あとから来た人は渋々不人気店に入らざるを得ないという仕組みになっているのだ。

私たちはしばらく通りを行ったり来たりしたが、ちょうど地元人らしき人々でぎっしりの店のテラスに空いたテーブル席があったので、そこに腰を下ろした。

ビールはもういいから、ワインを頼んだ。トルコのワインは、近隣のブルガリアやセルビアで飲んだワインと似ており、ストロングでやや甘みが濃い気がする。肴は給仕が大きなお盆に小皿をぎっしり載せてテーブル席までやってくる。中国の飲茶みたいに、この中から自分で好きなものを選ぶのだ。言葉が必要ないので、ひじょうにありがたい。

私たちは茄子のニンニク・ヨーグルトがけ、ふかふかのアンチョビフライ、菜っ葉のヨーグルト和えなどを頼み、ワインで乾杯。今度は心の底から「飛行機に乗り損なってよかった！」と神に感謝した。

ふと隣をみると、トルコ人のおじさん二人組がチーズとメロンを肴にラクを飲んでいた。「またムスリムの酒飲みがでたらめな飲み方をしてるよ」と私はほくそ笑んだ。

ムスリムの酒飲みというのは、私たち日本人の酒飲みよりずっと大切に酒を飲む。水のようにバカスカ飲んだりしない。その辺は見習わねばいけないが、そのいっぽうで彼らは酒の飲み方を知らない。冷蔵庫があるのにろくに冷えてないビールを平気で出す店もあるし、飛行機の機内では、空腹時にいきなりウイスキーのストレートを頼むムスリムをときどき見かける。

酒にはどんな肴が合うか、考えている節も見当たらない。

「ようするに酒文化がないんだよな」

私がそう言って笑うと末澤がタバコを吹かしながら「いやあ、そんなことないですよ」と言った。「チーズとメロンがラクに合うっていうのは誰でも言いますよ」。え、そうなのか。自分のセオリーが一瞬にして崩れて、私はうろたえた。

もしかして……と不意にピンと来て私は辺りを見渡した。

案の定だった。この大酒場地帯で、ワインなど飲んでいるのは外国人ばかり。トルコ人は若者こそビールだが、酒の味を知っていそうな大人はみんなラクを飲んでいた。

ものを知らないのはこっちの方だ。ここでワインを飲むなんて新宿ゴールデン街でワインを飲むのと変わらない。一言で言えば、野暮なのだ。

私は慌てて残りのワインを飲み干して、ラクに切り替えた。

さっきの隠れ家レストランの真似をしてドゥーブレにしようとしたら、隣のおじさん二人組に「それは入れすぎだ」と英語で言われた。

一人は髪の茶色い五十代くらい、もう一人は白髪の六十代という感じ。その二人が声を揃えて言う。

「あまりたくさん入れちゃダメだ。水は多めに。そしてゆっくりと、食べながら飲みなさい」

そう。実は二人は飲みマスターだったのだ。

彼らを見習って、チーズとメロンの肴を試してみたら、本当にラクとよく合った。チーズの塩辛さがメロンの甘みで緩和され、ラクにすっと溶けるような感じだ。

「おおっ！」とまた感動してしまった。

ここには酒文化がちゃんとあるじゃないか。実生活に何の役にも立たないけれどそれがあれば世知辛い世の中も少しは楽しくなるという工夫が「文化」とすれば、究極的に役に立たなくてめっぽう楽しい工夫が酒文化である。

さっきの隠れ家レストランといい、このゴールデン街といい、イスタンブールには酒文化がどばっと花開いていた。

おじさん二人とはすっかり打ち解け、「シェレフェ（乾杯）！」とみんなでグラスを掲げる。二人の関係も面白い。年配の人はGAPというユーフラテス河やチグリス河にダムを建設したりする政府の事業団体に勤め、もう一人はそのGAPに酒を卸す業者だった。

イスラム圏に飲酒接待があるとは思わなかった。イスタンブール恐るべしだ。

もっとも二人の雰囲気はくだけていて「飲み仲間」そのもの。

彼らと乾杯を何度も交わして、私たちはどんどんピッチをあげて杯を空けた。

トルコ建国の父アタテュルクはアル中だった

みんな、もうへべれけだ。酒の弱い森は火が付いたように真っ赤、織田君は少年のように澄んだ瞳で「僕、もうダメです」と空っぽな笑いを浮かべている。

その間を入れ替わり立ち替わり、物売りのじいさんたちがテーブルにやってくる。玩具だとか風船だとか、子供の土産になりそうなものを売りに来るのだ。

日本でも昔はお父さんが酔っ払って子供の玩具を買って家に帰るなんてシーンがマンガや映画であったが、私の世代ではすでに廃れていた。それをトルコで見た。見ただけでなく、いつの間にか、緑色にピカピカ光るメガネとか、やっぱりピカピカ光る赤い角のついたカチューシャなんぞを買っていた。子供もいないのに。

そんななか、ダム事業のおじさんが私に訊く。

「私の友達で、日本に仕事で七ヵ月滞在した奴がいてね、彼が『日本人はトルコ人みたいにバカスカ飲む』って言うんだけど、ほんとうかね？」

英語で〝バカスカ〟とは言わなかったが、口調では間違いなくその意味だった。

「本当も何も、僕らのこの状態を見ればわかるでしょ？」

私がラクのグラスを掲げてそう答えたら、トルコ人二人は爆笑。私たちも「トルコ人みたいにバカスカ飲む」という言い方に大笑い。

そこで乾杯、また乾杯。

頭空っぽの織田君がうなされるように、「でも、どうしてトルコはこんなに酒に寛容なんでしょうね？」と繰り返す。私はその度に「だからアタテュルクが政教分離したせいだって」と答えていたが、ふと気づいた。

もしかするとアタテュルクという人は酒飲みだったんじゃないか。そっちが先なんじゃないか。

アタテュルクがなぜあの隠れ家レストランに毎日通っていたか。それは昼から酒を飲むのにあの店がいちばん好都合だったからじゃないのか。いくら料理や雰囲気が気に入ったからといって、大統領が毎日必ず同じ店に行くというのは普通ではない。

酒卸し業者のおじさんに訊くと、果たしてうんうんと大きく頷いた。

「ああ、彼は酒をすごく飲んだ。飲み過ぎだったよ」

やっぱり！　と思ったら、末澤がタバコを吹かしながら言う。

「アタテュルクが大酒飲みだったっていうのは有名ですよ。毎日ラクをボトル一本空けてたっていうし、死因も肝硬変ですから」

末澤、また今頃言うな！　と怒ったが、「いや、今頃って言われても……」とぶつくさつぶやいていた。たしかにこの話は今初めて出た。

彼によれば、アタテュルクの飲みっぷりは異常だったという。若い頃はイスタンブールの街で死ぬほど飲み明かし、晩年の数年間は毎日ラクをボトル二本ずつ空け、食事はかんたんな豆料理くらいしか食べなかったとも言われているらしい。

少なくとも晩年の数年間は完全にアル中だろう。毎日ボトル二本といったら、昼も夜もなく飲まないと無理だ。もちろん隠れ家レストランもそのために行ったのにちがいない。

彼はそのアル中時代に政教分離やトルコ民族主義の政策を独断でガシガシ作り、陣頭指揮をとっていた。世界史上でも稀に見る、活動的なアル中独裁者だ。しかもアタテュルクがこれほど呑兵衛だったことがあまり知られていないのには理由があった。

驚くべきことだが、トルコにはいまだに「アタテュルク侮辱禁止法」という法律があり、アタテュルクに対してネガティヴな意見を言うことが法律で禁止されているというのだ。アタテュルク本人が作ったのではないが、彼の右腕だった二代目の大統領が定めたという。

アタテュルクは酒の飲み過ぎと言われるのをイヤがった。医師に「肝硬変はラクの飲み過ぎによるものではない」という診断書を書かせようとしたなんて話もあるらしい。

当然だ。酒飲みは誰でも酒を存分に飲みたいが、飲み過ぎとかアル中などと言われるのは嫌いなのだ。だからアタテュルクが酒の飲み過ぎだったというのも「侮辱」に含まれ、トルコでは誰もそれをおおっぴらに指摘できない仕組みになっているのだ。

酒飲みの理想を強引に実現した恐るべき酒飲み、アタテュルク。

「わかった！　政教分離で酒が飲めるんじゃなくてその逆だ。アタテュルクが酒飲みだったから政教分離にしたんだ。そうに決まってる！」

私が大興奮して新説を述べると、「いや、そんなことはないでしょう」と末澤がぼそぼそ言った。

「だって、オスマン朝の頃から、酒を飲む人は飲んでいたと思いますよ。キリスト教徒は当然飲んでいたし、酒好きだったと伝えられている皇帝もいますからね。ふつうに酒が飲めるから、アタテュルクだって若い頃から酒飲みになったんだろうし……」

私の説はまたしても一瞬にして崩壊した。がっかりだったが、新たな謎が浮かんだ。オスマン帝国はイスラム世界を仕切っていたのだ。皇帝がムハンマドの正統な後継者であり、聖地メッカの守護者だったのに、酒にはわりと寛容だった。

イスラムって何なのだろう。酒とは何なのだろう。

イスタンブールの酒飲みたちの声がやかましく、これ以上深いことは考えられそうになかった。というか、帰って早く寝ないと、明日も飛行機に乗り遅れそうな私たちなのであった。

飛行機に乗り損ね、プラスチックのコップに入れられたビールを飲み干す。笑顔だが、腹の中は怒りでいっぱい

やることもないので、ボスポラス海峡を渡る

イスタンブールで
七年ぶりという爆破テロの現場
（新市街のタクシム広場）に立つ著者

昼しか営業していない宮廷レストラン。
イズニック・タイルが壁面に
貼り巡らされている

イスタンブールのゴールデン街とでも
呼ぶべきネヴィザーデの一角

第6章

ムスリムの造る幻の銘酒を求めて

――シリア

ロシア
黒海
グルジア
トルコ
イラン
シリア
キプロス
イラク
地中海
レバノン
ダマスカス
シャハバ
イスラエル
ヨルダン
エジプト
サウジアラビア

Syria

イスラム圏に地酒は実在するのか!?

私は酒飲みである。休肝日はまだない。

キング牧師ではないが、私には夢があった。それは「ムスリムの地酒を飲むこと」だ。イスラム圏でも探せばたいていの場所に酒はあるが、クリスチャンかユダヤ教徒が造っているか、さもなくば輸入品か密造酒だ。

そうでなく、合法的に酒を造っている村なり町なりに行き、地元の人たちとフレッシュな酒を酌み交わしたいと思うのだ。イメージでいえば、日本酒の蔵元を訪ねたり、ワイナリーを飲み歩きしたりする感じか（そんなのはどこでもやったことないけど）。

しかし、もはや中東を十数ヵ国回り、酒に関する情報も集めていたが、いまだにムスリムが公に酒を造っているという話は聞いたことがない。ああ、イスラム地酒、どこかにないかなあ……。

なんてことを新宿で友達と飲んでいるときにつぶやいていたら、若いライターの末澤が言った。

「シリア南部に美味いワインを造ってる村があるらしいですよ」

「クリスチャンじゃないのか」

「ちがいます。ムスリムです」と末澤はきっぱり答えた。「ドルーズですけどね」。

ドルーズ派という宗派は、シリアとレバノンに住んでいる少数派だという認識しかなかった。

「ドルーズはふつうのイスラムとはかなりちがうんですよ」と、中東の文化・歴史に詳しい末澤が説明してくれた。

彼によれば、ドルーズ派はいちおうシーア派の流れを汲んでいるが、酒どころか豚肉もタブーでなく、ラマダン（断食）を行わず、「コーラン」ではない自前の聖典を持っているという。

それはもうイスラムじゃないだろうと思うのだが、いちおうイスラム世界ではイスラムの一派として認識され、異端視もされていないらしい。わかりやすく言えば、天理教や大本教が広義の「神道」として認められているような感じだろうか。

さて末澤がイスタンブールの大学に留学中、同じ留学生仲間にシリアのドルーズ派の若者がいた。

「彼は帰省から戻ったとき、自分のうちで造ったワインを持ってきてくれたんですけど、それがすごく美味かったんですよ」と末澤は言う。彼の村は名前をシャハバといい、シャハバ・ワインはシリアでも有名だと友達は自慢していたという。

「そりゃ、面白い！」と私は言った。かなり異端的であるとはいえ、ムスリムが堂々と造るワインの銘酒など他ではお目にかかれない。ぜひ、そのシャハバにあるドルーズ留学生の実家を訪問してみたい。で、地元の人と一緒にグラスを傾けてみたい。

チャンスが巡ってきたのは新宿での酒席から半年後のユーフラテス河見学旅行のときだった。

カメラマンの森、編集者の織田君、ライターの末澤という三名の仲間とトルコ東部を訪れたあと、陸路で国境を越えてシリアに入国した。

同時に、末澤をせっついてドルーズの友達に電話をしてもらった。

だが、答えはノーだった。実は友達は兵役中であり、外部と電話連絡をすることは本当は禁止されているという。

「ましてや外国人と接触したとばれたら大変なことになる。実家を紹介するわけにはいかない」と頑なに拒んだという。

シリアは反米の独裁国家であるから、そういう状況はこちらも理解できる。「しかたない」と諦めた。

諦めたはずだったが、イラク国境に近いユーフラテス河の旅を終えて、首都ダマスカスに戻ったら、何もすることがない。丸一日ぽっかりと空いていた。

何もすることがないとき、森清なら写真のことを考える。考古学ファンである織田君は由緒あるモスクや博物館を、風来坊気質の末澤は街をぶらつくことを考え、もちろん、私は酒について考える。

ふと「有名なワインだったら、ここ（ダマスカス）で買えるだろう」と思いついた。地酒を地元の人と酌み交わすのは無理にしても、せめて現物だけでも味見してみたい。

それが思いがけない彷徨の始まりだった。

ダマスカスの酒屋はみんな超不機嫌

ダマスカスはタイのバンコクに似た大都会だ。高架の自動車道がビルの林立する街を分断し、平日は朝から晩まで大渋滞を引き起こすいっぽう、ザクロジュースの屋台が道端で繁盛していたりもする。

右も左もわからないので、ホテルの前にあったレストランで昼飯を食べたついでに、英語の話せるウェイターのおじさんに訊いてみた。

「ああ、シャハバね」と彼は頷いた。「バーブトゥーマに行けば買えるよ」。

彼は私のメモ帳にアラビア語で「シャハバ・ワイン」「バーブトゥーマ」と記してくれた。ついでに「スウェイダー」という、シャハバに近い都市のワインも教えてくれた。そこもドルーズの町らしい。

私はこのとき、バーブトゥーマを酒屋かスーパーだと思い込んでいた。行けば即買えるのだから、ホテルに戻る前にちょこっと行こうという気分だった。

渋滞する車の列を横切り、高速道路のトンネルみたいに巨大なアーケード式スーク（市場）を通り抜け、荒削りの巨岩が積み上げられた壁が圧倒的なウマイヤド・モスクに驚嘆し、モスク近くの門前町で銀細工の輝きやスパイスの香りに物欲をぎゅんとそそられながらも、「なによりも酒」と自分に言い聞かせて、いや足が勝手に動いて、旧市街の入り組んだ路地に入り込んでいた。

道がわからなくなったので、この町ではひじょうによく目にする安産型（とにかくお尻が大きい）の若い女の子に道を尋ねると、意外なことに自ら案内してくれた。イスラム圏では稀な出来事だ。ムスリムの女性はどんなにさばけていても、見知らぬ男一人もしくは男の集団と連れだって歩いたりしない。

彼女に訊けば、果たしてキリスト教徒だった。そしてたどりついたのは大きな門だった。実はこの門こそが「バーブトゥーマ（トゥーマ門）」だった。

周囲には教会があり、おしゃれなカフェ・バーがあり、ノースカーフの女性が水パイプをくゆらしている。ダマスカスのキリスト教徒地区のようだ。要するに、レストランのおじさんは「キリスト教徒地区に行けば酒が買える」と教えてくれたわけだ。

「お、ここなら酒がありそうだ」と思った。だが、話はやはりそううまくなかった。

門の近くに小さな酒屋が一軒あった。店のオヤジに「シャハバのワインはある？」とメモ帳を見せて片言のアラビア語で訊くが、「マフィー（ない）」と不機嫌そうに言うのみ。

「じゃあ、スウェイダーのワインは？」と訊くと、「だからないって言ってんだろうが！」というように声を荒げた。え、俺、何か気に障ることを言ったかなと思うほどだ。

困惑しつつも、酒については私はしつこい。「どこの酒屋にある？」と訊いたら、オヤジは「あっち、行け」と門の外側を指差した。教えてくれたというより、追い払っただけのようだ。

二軒目にたどりついた酒屋は不機嫌なんてものではなかった。

「シャハバ？　スウェイダー？　マフィー！」

私たちがまるで質の悪い訪問販売業者であるかのように、帰れ！　と手を振る。

私はオヤジの制止を振り切るように狭い店の棚をのぞき込むと、スウェイダーのアラクを一瓶見つけた。シリアのアラクはトルコのラクと同じ葡萄の焼酎だ。すみません、どうかこれ一本だけでも、とほとんど拝み倒すように購入した。

この店の並びにもう一軒、酒屋があった。こちらは今までのに比べ、店内が明るく、日本の一般的な酒屋にそっくりだったが、主人夫婦は例によって愛想ゼロ。マフィー、マフィー、マフィーとしか言わない。古き良き中国の「没有（ない）」を彷彿させ、懐かしくなってくるくらいだ。

ここでも私は棚を調べ、「Ａｓ Ｓｗａｉｄａ」とアルファベットで記されたワインボトルを発見した。「これ、スウェイダーでしょ？」と確認すると、「ちがう。ホムスだ」とにべもない。ホムスもワインの産地だが、キリスト教徒の地域だ。そして、ボトルにはホムスなんてどこにも書いていない。

どうもウソくさいなと思ったが、取りつくしまもないので、退散した。

それにしても不思議だ。「銘酒」と言われるシャハバ・ワインの気配すらない。それに酒屋のオヤジたちのこの頑なな拒絶ぶり。彼らが怒る理由の一つは、私以外の三人がパシャパシャ写真を撮ることにあったが、私が一人で先に入って一言発した時点で、彼らは十分に怒っているから、もっと何か根本的な理由があるにちがいない。

すっかり途方に暮れてしまった。これ以上、この地域で探しても結果は同じように思える。かといって、他に酒が豊富にありそうな場所の手がかりもない。

「末澤、何かいい考えはないか」と私はネタもとに振った。風来坊の末澤は、風に吹かれる柳のような性格で、知識や経験は人並み以上のくせに、およそ自分の意見を述べず、いつもぷかーっとタバコを吹かしている。

「そうですね、ダマスカス大学に行ってみますか」。のんびりと末澤は答えた。「学生なら知ってるんじゃないですかね」。

なるほど！　イスラム圏で酒を飲むといえば、まず大学生だ。そして学生なら英語を話す人もたくさんいるだろう。これだけあちこちイスラム圏を旅していながら私は思いつかなかった。末澤自身がトルコで学生をやっていたからこその発想だろう。

私たちはタクシーを拾い、ダマスカス大学へ向かった。ドライバーはパレスチナ人。シリアにはけっこうたくさんいるらしい。

彼が私たちに「オー、ジャパン、カラテ！」とあまりにも型どおりの反応をするので、私たちも「オー、パレスチナ、インティファーダ（民衆蜂起）！」とステレオタイプに叫ぶと、みんなでイエー！　と意味もなくわめいた。

ワイン探索隊は度重なる困難のために、いまや酒に酔ったかのようなハイテンションになっていた。

シリアの〝東大生〟が教えてくれた酒スーパー

バカなハイテンションのまま、私たちはダマスカス大学のキャンパスに乗り込んだ。

日本でいえば東大にあたる、シリアの最高学府だ。

いるわいるわ、酒を飲みそうなファッショナブルな男女がぞこぞこと。女子の半分はスカーフを被っていないし、実に期待が持てた。

だが、誰に声をかけていいかわからない。てきとうに声をかけても英語を話せない人が多々いる。

しかたない。その辺に腰を下ろして向こうから話しかけてくれる人を待とうと、消極策に出たところ、座る前に五人組の男子学生が「やあ！」と声をかけてきた。

「ダマスカスはどう？」「いいね」「女の子は？」「かわいいね」とかいうお決まりのやりとりをしたあと、「ワインを飲みたいんだけど」と本題に入ったが、彼らは「ワイン？」ときょとんとした顔をしている。どうもワインという単語を知らないらしい。

ブドウから造るアルコールだとか、赤色と白色があるとか、飲むと気持ちよくなるとか今更な説明を繰り返していると、一人がやっと「ああ、あれか！」と気づいてくれた。

「フランスにある。フランスに行けばいい」

いや、そうじゃなくてさ。

「シャハバのワインが飲みたいんだよ。ワインで有名なんだろ」と言うと、「へえ……」とぽかんとした表情。

「君たち、酒を飲まないの？」。あまりに埒があかないので、こう訊くと、「こいつ、飲むよ」と一人が別の奴を指差し、言われたほうは顔を赤くして「えー、オレ、飲まねーよ。おめーだろ！」「ちげーよ、こいつだよ」とか言って腕を叩いたりしてじゃれている。

誠にのどかな学園風景で、なんだか酒については高校生レベルのようだ。

それでも酒を売っている店の名前を教えてくれた。

「スーパーマーケットの〝ガットバーン〟」と言う。

「ガットバーン」の発音が難しく、何度か繰り返していると、学生たちがみんな、顔をこわばらせ、拳を握りしめ、「ａｎｇｒｙ！」と低く唸る。

なんのこっちゃ。もしかしてハングリーの間違いかと思い、「腹減ってるの？」と尋ねたが、彼らは相変わらず顔をしかめて「ノー！　アングリー！」と唸る。

酒も飲まないのにもう酔っ払っているのかと疑ったが、繰り返しのやりとりで、最後にやっと「ガットバーン」がアラビア語で「怒っている」という意味だとわかった。

スーパーの名前が「怒っている」？　どうしてそんな名前をつけるのだと疑問だったが、学生たちは「覚えやすいからでしょ」と平然と答える。なにか勘違いしていなければいいが……。

念のために「ガットバーン」とアラビア語でメモ帳に書いてもらった。

不安を抱えつつもバカ男子たちに別れを告げ、歩き出すと、今度は女の子中心の集団に捕まった。

女子の半分はスカーフ、もう半分はノースカーフである。どちらも「えー、日本人？ ウッソー！」「キャー！」「写真撮って、写真！」とはしゃぎ、日本の女子学生と変わらない。

ただし記念写真を撮るとき、スカーフの子はみな、背を向けて場から離れた。どうもスカーフを被っている子はある程度敬虔なムスリムで、見知らぬ外国人と一緒に写真に写ることに抵抗があるようだ（スカーフを被っていない子たちはクリスチャンなのかさばけたムスリムなのかはわからない）。

彼女たちにメモ帳の「ガットバーン」を見せたら、「ああ、お酒を買うのね」と笑った。

どうしてわかったのだろうか。そんなに酒の品揃えが豊富なスーパーなのか。それとも、学生たちが酒を調達するときはまずそこに行くのだろうか。酒と怒りはシリアでは何か密接な関係があるのか。『怒りの葡萄』ならぬ「怒りの葡萄酒」とか。

謎が謎を呼んだが、少なくともそこに行けば酒があるという最重要事項が確認され、私は安堵した。大学からも近いらしい。

「銘酒が待っているぞ！」。私は疲れの色が見える仲間に発破《はっぱ》をかけ、夕暮れの迫った街を歩き出した。

遂に銘酒をゲット！　と思ったら

「おかしい……」と思い出したのは大学を出てから三十分ほど経過してからだ。

私は道行く人々や商店主に「スーパーマーケットのガットバーンはどこですか？」ときちんとした発音で尋ね、さらに念のためメモ帳に書いてもらったアラビア語も見せた。そして、その都度親切なシリアの人たちが「ここをまっすぐだ」とか「次の角を右に曲がって二軒目」だとか「次の交差点を左折すると中央銀行があるから、その近く」などとてきぱきと教えてくれるのだが、さっぱり到着しない。ぐるぐる回っている感もある。

もしかするとここの人はただ親切なだけでなく、インド以西に途方もなく広がる「わからなくても確信を持って教えてくれる親切な人々」の文化圏に属するのではあるまいか。

「それは間違いだ」。中央銀行の脇にある薬局の人に訊くと、はっきりした英語で否定された。

「ガットバーンはスーパーマーケットじゃない」

「え、ちがう？　じゃ、何？」

「酒屋だ」

「は？」

ようやく状況が呑みこめた。最初からガットバーンは酒屋の店名なのだ。だが学生たちは隠語かジョークかでそれをスーパーマーケットと呼んでいたのだ。どおりで、他の学生たちもすぐに「お酒を買うんでしょ？」と言うわけだ。酒屋なんだから。なのに、私は「ガットバーンというスーパーはどこ？」と連呼していた。イスラム圏での酒屋は「普通の店を超えた店」であり、直訳では間違いでないのかもしれないが、これでは混乱を招くに決まっている。

これまで道を教えてくれた人たちのうち、ある人はガットバーンを、ある人は自分の思い描く各々の「スーパーマーケット」（おそらくは雑貨屋）を教えてくれていたのだろう。

薬局の人は間違いを正してくれたばかりか、「マルジュ広場にある」と教えてくれた。これでやっと解決だと重い足をひきずり、夕方のアザーン（イスラムの祈りの時刻を告げる肉声）がモスクから流れてくるのを聞きながらさらに歩いた。ところが、マルジュ広場に着くと、これがでかい。またここで、あっち行き、こっち行きとさ迷った。店を発見したのは大学を出てから一時間半後、酒を探しだしてから三時間以上が経過していた。

ガットバーンは異色の店だった。これまで見たシリアの酒屋は、日本の標準的な酒屋や雑貨屋に近い。ただ間口が小さく、人間がやっと一人通れるくらいであるのが普通だ。看板もない。

ところが、ガットバーンは間口が大きい、というより間口しかない。通りに面した場所に、まるでホテルのフロントか劇場のクロークみたいな大きくて洒落たカウンターがあり、その後ろに酒のボトルが並んでいる。しかもそのカウンターの上に「ガットバーン（怒っている）」と明記されている。

酒はなるべく人目につかないように売るべし、というイスラム圏での習慣を大きく逸脱している。

不思議だったが、こんなに堂々と店を展開しているなら、品揃えもいいだろうと推測した。学生たちがここを教えてくれたのも、有名店だからにちがいない。

カウンターの前に屈強そうな男が二人、ぬっと立っているので、私は期待をこめて右の男に「シャハバのワインはない？」と訊いた。

「マフィー（ねえよ）！」。男は不快そうに顔をしかめた。

「え、ないの？」

「マフィー、マフィー！（ねえったらねえんだよ！）」

ないのか……。がっくりきた。これで酒屋は四軒目。この有名店でもなければ、おそらくダマスカスで見つけるのは困難だろう。

ガットバーンは、客に話しかけられると腹を立てるところだけは普通のシリアの酒屋と同じだった。もっともここはそれが店名なので、看板に偽りはない。

睨みつける店員を宥めながら訊くと、スウェイダーのワインはあるという。見せてもらえば、トゥーマ門の近くの酒屋で見たワインだった。やっぱり、これだった。スウェイダーとボトルに書いてあるのだ。どうして、あの店では「ホムスのだ」なんて言い張ったのだろう。ウソをついたのか、知識が異常なほど乏しいのか。

いろいろ疑問はあったが、店員が癇癪《かんしゃく》を破裂させないうちに酒を買わねばと思い、「いくら？」と尋ねた。「四百（シリア・ポンド）」と店員。今まで買ったワインの倍くらいしたが、ドルーズのワインなだけに高級なのかもしれない。支払ってボトルを受け取った。

シャハバ・ワインはついになかった。

気落ちしながら、歩き出すと、二十メートルも行かないうちに森の大声が聞こえた。

「高野さーん、ここにも酒屋があるよ！」

「え!?」

見れば、こぢんまりした雑貨屋みたいな店にボトルが並んでいるのがガラス張りの窓越しに見えた。

中に入って驚いた。店のおじさんが怒っていないのだ。愛想は特によくないが、普通に接してくれる。

「シャハバのワイン、あります？」

「あるよ」

あるのか！「ウォー」と私たちはどよめいた。

白いラベルのボトルを取り出したおじさんは「これはシリアでナンバーワンのワインだよ」と英語で説明した。「三年前にシャハバで造られたものだ」。

感無量だ。ついにシャハバのワインをゲットした。酒屋のおじさんも「シリアでナンバーワン」と断言してくれた。やはり、本物の酒を置いている本物の酒屋は客に怒ったりしないのだ。

今までの疲れも吹っ飛ぶような気がした。

「よし」。私は仲間に言った。「酒が見つかった祝いに一杯やろうぜ！」。

シリアでは酒を飲むのに苦労しないが、だからといって、どこでも飲めるわけではない。

酒を出す店はキリスト教徒地区にあるだろうと思ったので、タクシーでトゥーマ門に戻った。また旧市街のごちゃごちゃした通りをうろつき、酒を出すレストランを見つけて入った。

ここは曖昧な酒の出し方をする店だった。いかにもシックなヨーロッパ風のバー・レストランに見えるが、メニューにはアルコールは一切記されていない。

店の中を見渡しても、酒を飲んでいる人が見当たらない。スカーフを被った女性客の姿も見える。

ところが、ウェイターに訊けば、「ビールでもラクでもワインでもなんでもあります」と答えが返ってきて、注文すると実際に持ってきてくれるのだ。

「スカーフの女の人がいる前で酒っていうのは珍しいですね。トルコでもないですよ」と末澤が言う。

シリアの酒事情はまだわからない点が多いが、とにもかくにも銘酒ゲットだ。レバノンビールで乾杯した。

渇いた喉に冷たいビールが実に心地よい。最初の一杯ですでに気分のよくなった私はデイパックから本日の戦利品を取り出した。

やや暗い灯りの下で銘酒のラベルを眺め、写真を撮ろうとしたときである。

「ん？」

ラベルには「Ｓａｉｎｔ　Ｄｏｍｉｎｉｏｎ」とあった。セイント？　フランス語なら「サン」？　どちらにしても、イスラムっぽくない。というより、紛れもなくキリスト教の名前じゃないか。ボトルの裏のラベルを見たら、アレッポを中心とするシリア北部の地図が記されていた。

なんてこった。シリア南部のドルーズ派ムスリムが造っているワインだと思ったら、北部のキリスト教徒の造っているワインだった。

騙された。あの怒っていないオヤジにまんまと一杯食らわされた。

「なんなんだよ、シリアの酒屋は……」。私は力なくつぶやいた。徹頭徹尾、客を舐めている。それとも自分の職業がよほどイヤなのだろうか。

「シリアの酒屋っていうのは何か被差別の職業なのかな？」

「いや、そんなの訊いたことないですけどね……」。中東トリビアの男、末澤も首を振るばかりだ。

「まあ、しょうがない。飲もう」。私は言い、ウェイターにワインをボトルで頼んだ。祝い酒転じてヤケ酒だ。

酒が大好きなシリア美女の正体

シリア産がないというので、レバノン産のワインを飲みだした。レバノン産はビールでもワインでも、味がヨーロッパナイズされていて外れがないいっぽうで面白みもない。それでも肉の旨味がどーんと詰まったラムのキョフテ（中東のハンバーグ）や皮がさくさくで中がふかふかの窯焼きピザをつまみに飲んでいると、気持ちよく酔ってきた。

そんなとき、隣のテーブルから、シルベスタ・スタローンによく似た、髭と眉毛の濃い男が森に「僕らの写真を撮ってくれませんか」と頼んできた。彼らは男子、女子三人ずつのグループだった。男子連中は三十歳ほどに見え、女子はみな大人びた化粧をしていたが、ダマスカス大学のキャンパスで見た男女とひじょうに雰囲気が似ていた。

案の定、ダマスカス大学経済学部の学生だった。グループデートみたいなものかもしれない。女子はスカーフを被っていない。クリスチャンかさばけたムスリムか。三人とも美人だったが、特に私の隣にいる子は綺麗だった。彫りの深いヨーロッパ的な顔立ちで、耳に揺れる大きな輪のイヤリングがよく似合っていた。彼女はネイティブ並みに流暢《りゅうちょう》な英語を話した。おそらくかなり長いこと英語圏で暮らした経験があるのだろう。他の学生たちは英語が不得意のようなので、自然と、彼女と私が会話の中心となった。

私たちが日本人だと知ると、ここでも喜ばれた。ガイドブックや地図を見せたり、なぜか韓流ドラマの話（中東でも大人気らしい）などでひとしきり盛り上がった。

私はせっかくだからと思い、彼らに訊いてみた。

「シャハバのワインがおいしいというけど、知らない？」

学生たちはキョトンとしていた。シャハバどころか、ドルーズ派がワインを造っていて、それが有名なことさえ「知らなかった」と言う。

うーん、彼らは酒を飲まないのかもしれない。どう見てもデートを兼ねたコンパかパーティだろうに、彼らのテーブルに置かれているのは「カクテル」だった。イスラム圏でときおり見かけるこのカクテルは、私も何度か騙されたことがあるが、バナナ＋ミルクとかピーチ＋ストロベリーといったミックスジュースやシェイクのことだ。それなりにおいしいが、もちろんアルコール分はゼロである。

そう思ったら、私の隣にいた女の子が「イエース！」と答えた。

「私は飲むわよ」

「何、飲むの？」

「何でも。ビールでもワインでもアラクでもウイスキーでも」

彼女は半分恥ずかしそうに、半分嬉しそうに笑う。

おおっ、立派な酒飲みじゃないか。シリアで若い女子の酒飲みに会えるとは思わなかった。しかも美人だ。

酒飲み美女は名前を「サバ」と言った。サバちゃんにこの日私たちが仕入れたワインを見せた。銘柄はやはり知らないようだったが、ガットバーンで購入したスウェイダーのワインについては「四百は高い。ふつうは二百くらいよ」と断言した（サバちやんだけでなく、スタローンや他の人たちも口を揃えた)。どうやら、ガットバーンでは怒られただけでなく、ボラれもしたらしい。

「シリアの酒屋はどうしてみんな客に対して怒ってるの？」。サバちゃんに尋ねたが、「え、怒っている？　下品ってこと？」とよく通じていない。

まあ、考えてみれば、いくら酒飲みとはいえ、サバちゃんみたいなお嬢さんが酒屋に直接買い出しに行くとは思えない。知らないのだろう。

では、彼女はどういうふうに酒を飲んでいるのか。

ここぞとばかり、サバちゃんの酒飲みライフを根掘り葉掘り尋ねた。

「酒はどこで飲むの？」

「家でも飲むし、外でも飲むわ」

「親は何も言わないの？」

「全然。あたし、父の前でも飲んでるもん！」

サバちゃんはキャハハと屈託なく笑った。私も嬉しくてにこにこしていたが、ふと気づけば、私の連れ三人がしらっとしていた。どうやら私がナンパに走っていると思っているらしい。バカな連中だ。自慢じゃないが、私は花より団子派なのだ。女より酒なのだ。

だが、もっと気になるのは、サバちゃんのテーブルもしらっとしていることだった。いや、冷たい空気が漂っているようにも見えた。中にサバちゃんの彼氏か彼氏候補がいて、私を敵視しているのかもしれない。だが、酒飲み二人は止まらない。

「いつもどんな店で飲んでるの?」

「××通りのアフターセブンっていう店。××通りってわかる?」

「いや、わからない」

「じゃ、連れてってあげようか?」

「あ、いいね!」

しつこい日本人の酔っ払いに辟易したらしく、サバちゃんのグループの男子連中はいつの間にか勘定を支払い、席を立つところだった。それに気づいた私はウェイターに「こっちもお勘定!」と大声で言った。

「高野さん、もうアラクを四人分、頼んじゃいましたよ」

「え、どうして?」

「どうしてって高野さんが飲みたいって言ったんじゃないですか」

「あ、もう、いい。キャンセル。サバちゃんの店に行くんだ」

森は眉間にしわを寄せ、織田君は溜息をつき、ウェイターは困惑している。そりゃそうだ、もうアラクを持ってきてしまっていたからだ。

「しかたない。アラクの代金を払って出よう」

「え、まだ飲んでないのに？」

織田君は心底呆れたように言った。でも、ここは彼女のあとについて行くべきだと私の直感が告げていた。「いいから、行くぞ！」。

渋い顔をした仲間をせっついて、サバちゃんグループのあとをついて外に出た。


石畳の道をコツコツと歩きながら話をしていると、サバちゃんは私たちをその店に案内するだけで一緒に飲む気はないとわかった。

残念である。でも、こうやって話をする時間も貴重だ。

さすがに私がサバちゃんとばかり話していると、両方のグループから総スカンを食らいそうなので、スタローン似の男子と肩を並べて歩いた。サバちゃんの他にかろうじて会話が成立する程度の英語を話すのはこのスタローン君だけだった。

彼らは全員クリスチャンだった。ギリシア正教徒だ。サバちゃんも振り返ってネックレスにつけた十字架を見せてくれた。

スタローン君によれば、ダマスカスの全人口の一五パーセントがクリスチャンだが、大学生のクリスチャン率は二五パーセントにアップするという。

「クリスチャンの家は教育熱心。それにクリスチャンのほとんどはリッチ。ムスリムのほとんどは貧乏」。語彙の少ないスタローン君は、ざっくりとまとめた。

へえ、そうなのか。リッチな側のクリスチャン当人が言うなら本当だろう。つい、東南アジアにおける現地民と中国系（華僑もしくは華人）を連想してしまう。特にインドネシアやマレーシアのムスリムと中国系を。あの辺の中国系にはクリスチャンが多い。

スタローン君のお父さんは電気エンジニアだが、一般的にリッチなクリスチャンは商売をしている人が多いという。

いつの間にか、赤や緑のネオンが石造りの建物に浮かび上がる、洒落たバー・エリアに入っていた。東京でいえば、表参道や青山といった風情だ。

「高野さん、あの子の持ってるバッグだけど」と森が不意に言った。前を歩くサバちゃんを指差している。

「あれ、フランスのクロエっていうブランドのですよ。パチモン（偽物）かもしれないけど、もし本物だったら日本円で十万か二十万しますよ。そうだとしたら、あの子、すごい金持ちですよ」

そんなに高いバッグがあるのか。いくら使ってもファスナーが壊れないとかだろうか。ぱっと見は特に変わった感じもしないが。それよりも気になるのはサバちゃんだ。

さっきから漠然と感じていた疑問がはっきり形になった。

彼女は一体何者なんだろう。

バッグを見つめていたら、持ち主が「ハーイ！」と手を振った。

「ここよ！」

「アフターセブン」はこぢんまりした店だった。ガラス張りなので中が見える。あまり高級そうでなく、いかにも学生向きっぽい。

案内してくれたお礼を言ってから、別れ際、サバちゃんに尋ねた。

「お父さんは何の仕事をしてるの？」

「えーと、何て言うのかしら……英語だとよくわからないなあ」。サバちゃんはかわいらしく首をかしげた。

「えーと、ほら、あのカリフォルニアのシュワルツェネッガーって知ってる？」

「知ってるよ。アーノルド・シュワルツェネッガーでしょ」

「そう。彼と同じ仕事よ」

「え、じゃあ、俳優⁉」。私たち日本人グループは声を揃えて同じことを言った。

「ノー！」。シリア人グループ六人は声を揃えて笑った。

「政治の方よ」。サバちゃんも笑いながら言う。

「え、じゃあ、知事⁉」

「そう、それ！　知事よ」

「どこの？」

「ダマスカス州の」

「ダマスカス州！」

なんとも驚いたことに、この酒飲み女子のパパはダマスカス州知事だった。日本なら彼女は「都知事の娘」ということになる。

シリアは独裁国家だから知事にしても普通に選挙で選んでいるわけじゃないだろう。任命制か、大統領選のように、立候補者が一人しかいない選挙かもしれない。

少しわかってきたのは、シリアにおけるクリスチャンの立ち位置だ。イスラムが圧倒的マジョリティを占める中で（大統領はムスリムでなければならないと憲法に定められている）、それに従いながらも相当な権力をもっている。東南アジア諸国における中国系に匹敵するか、それ以上の地位かもしれない。

大昔から中東のこの辺ではずっとこうだったのかもしれない。支配者は王や皇帝だからもちろん独裁で世襲。国民もムスリムが多数派だが、少数のクリスチャンは——逆らいさえしなければ——意外によい待遇を与えられている。同じクリスチャンであるヨーロッパ人と自由にやりとりができることが何より強味だ。

旧イラクもそうだった。サダム・フセイン大王の下で、外交を一手に引き受けていたアジズ外務大臣はクリスチャンだった。

もちろん、酒も彼らクリスチャンが造り、売り買いしてきた。そして一部のムスリムがその恩恵（イスラム的には被害）を受けてきたのだ。

誤解を恐れずに言えば、シリアという国は今現在、最も中東の伝統に忠実な国なのかもしれない。

酒の原点、ここにあり！

翌日私たちはヨルダンの首都アンマンに移動することになっていた。アンマンからのフライトで次の日、東京に戻ることになっていたのだ。

バスで行くのが安かったが、タクシーを雇った。どうしても途中、シャハバに寄りたかったからだ。森や織田君は「まだ酒を探すんですか……」とうんざりしていたが、こればかりは譲れない。

ヒュンダイのセダンで飛ばすこと一時間。ハイウェイから降りて車がスピードを緩めると周囲の土の色が真っ黒であるのに気づいた。「変なところだな」と思っていたら、そこがもうシャハバだった。

土と同じ色の黒い石（黒玄武岩）で道も建物も造られている。黒いだけでなく、ひじょうに古めかしい。ローマの遺跡のような円柱も見える。「遺跡の中に町（村）がある」とガイドブックに書かれているとおりだ。

人通りはぽつぽつある。女性は誰もベールを被っていない。その代わりキリスト教の修道女みたいな真っ白のスカーフを被った老婦人や、白い帽子に白髭という老人の姿が見える。ふつうのムスリムとは全然ちがう。

ヒュンダイのセダンはギリシアによくあるような円形劇場の遺跡の前に止まった。「十二時までだ」とドライバーのカジは腕時計を見せて繰り返した。ヨルダン国境が二時半に閉まるため、急いでいるのだ。今は十一時二十分。たった四十分しかない。

カジは英語を一言も話さない。何度も「ワインを買いたい」とアラビア語で伝えたのだが、わかっているのかどうか不明で、結局自分たちで探すしかないと思った。

向こうから親子か姉妹らしき二人の女性が歩いてきた。色はさして白くないが、金髪で、どぎつい化粧をしている。顔立ちはラテン系っぽい。東欧かブラジルの人みたいだ。

「ニビーズ（ワイン）、ないですか？」とアラビア語で話しかけると「あっち」と、十字路を指差して行ってしまった。

要領を得ないままそちらに歩いて行くと、飲み物を販売している雑貨屋を見つけた。「ここだ！」とピンと来た。だが、中に入り、白いキャップをかぶり髭を生やした兄ちゃんに訊くが、答えは「ない」。

ワインどころか酒類が一切置かれてなかった。

途方に暮れてしまった。商店と呼べるものすらいくつもなさそうなこの町で、専門の「酒屋」があるとは思えない。地元のコンビニエンスストアである雑貨屋になくて、一体どこで酒を売っているのだろう？

ドライバーのカジがふらっと現れた。「ついてこい」と手招きする。俺たちが何を探しているのかわかってるのかなと思いつつ、あとをついていった。まず果物を売っている露天商、次にヘアーサロンの人に尋ねている。

「やっぱりわかってないんじゃ……」と焦りだした。時間がないのだ。やっぱり自分たちで探した方がいいのではと思ったが、彼がまた呼ぶので、そっちに行った。

今度は靴屋だった。しかも靴の修理屋。小さな物置みたいな作業所に、年季の入った修理台がぽつりと置かれ、壁際には古い靴やら革やらが放置されている。

こんなしけた靴屋にワインがあるわけないだろうと思ったが、こんなしけたところから、ファッションモデルのようにイナセな兄さんが現れて度肝を抜かれた。

黒地に銀色のストライプの入ったシャツと、同じ柄でアイロンがぴしっとかかった細いパンツ、黒のエナメルシューズ、その靴と同じくらいつややかでウェーブがかかった長い黒髪をぴったりと後ろになでつけていた。極端に彫りが深い細面《ほそおもて》で、大きな瞳も真っ黒。そして、舞台俳優のつけ睫毛のように黒くて長い睫毛をしていた。

原宿か表参道を歩いていたら、「ああ、きっとイタリア人モデルかなんかなんだろうな」と女子がもれなく振り返りそうだが、ここはシリア南部の鄙《ひな》びた村。靴屋が一人、こんなにお洒落を決め込んで何の意味があるのだろうか。さっぱり理解できない。

だが、このイナセな兄さんはうっすらと微笑み、「ニビーズ（ワイン）？　カム（何本）？」と訊くではないか。

とっさに「三本」と答えると、彼はすっと店の裏にまわった。一分もしないで、彼は両手に二本ずつ、四本の瓶を指にひっかけて戻ってきた。作業所の前で、黄色いリンゴを売っている露天商の箱にその瓶を無造作にゴロンと投げ出した。

紛れもなく、赤ワインだった。しかも「商品」ではない。ボトルはどれも私たちがよく飲んでいるアラクのものだったし、いかにも間に合わせという緑のプラスチックのキャップで蓋をしている。自分で造ったワインをてきとうな瓶に詰めているのだ。

やった、ついに幻のイスラムワインに巡り合えた！　しかも自家製の地酒だ！

時間がないし、それより早く自分のものにしないと幻として消えてしまいそうな気がして代金を支払おうとしたら、イナセ兄さんが一杯やる仕草をしながら「シュワイイェ（少しやる）？」と首を傾けた。

なんとも色っぽく、私が女かゲイだったらイチコロでついていっただろう。いや、私はストレートの男だが、酒に誘われているのだ。イチコロでついていってしまった。

兄さんは隣の家（そっちに住んでいるらしい）から大きなコップを四つ持ってくると、小汚くて薄暗い作業所のテーブルに並べて、ワインをドボドボ注いだ。壁の割れ目から日の光が差し込み、紫紺のワインの流れと交錯した。イエスが馬小屋で誕生したときみたいな、聖なる瞬間のようにも見えた。

兄さんに倣って、無造作にがぶっと飲むと、葡萄の香りがずばーんと広がった。

「これは……」。私は一瞬、絶句した。「むちゃくちゃ美味いぞ!!」。

今まで飲んできたシリアのワインと同じ路線ではあるが、はるかに鮮烈で力強い。以前、喜多方の蔵元を訪ねたとき、火入れをしていない、作りたての日本酒をいただいたことがあるが、印象としてはそれに近い。

ああ、ここに来てよかった。

多少無理をしても、仲間の顰蹙《ひんしゅく》を買ってもここまで来た甲斐があった。シャハバは小さな村だ。ワインの生産量もたかがしれているだろう。とても首都の酒屋に常時入荷されそうにない。というより、このラフな扱いをみると、地元で消費されるだけなのかもしれない。日本酒の幻の銘酒と同じだ。

酒のあまり飲めない森は一口味見しただけで、あとは全部残した。イナセ兄さんはそのグラスをひっつかんで、ぐいっと一気飲み。おかしな外国人を見物しに集まってきた近所の人もどうということもなくそれを眺めている。

生まれたときから、当たり前のようにワインに囲まれ、ワインに浸って育ってきたのだろう。近代化ともビジネスとも宗教とも関係なく。

「酒の原点だね。最高だね」。そうつぶやくと、周囲からブーイングが飛んだ。「高野さんはいっつもおんなじことを言ってるよね」とか「酒さえ飲んでりゃ幸せなんだよ、この人は」などなど。

「何とでも言え」と私は笑った。酒があるとき、酒飲みは果てしなく心が広いのである。

追記　シリアの酒屋が不機嫌な理由はわからない。シリアに留学経験のある日本人女性二人に訊いたら、「え、そうでした？　私たちはいつも酒屋のおじさんにいろいろ親切に教えてもらってましたけど……」と不思議そうな顔をした。

友達を通してシリア人にメールで訊いてもらったら、返事が来なかった。やっぱり不機嫌になったのだろうか。

考えられる理由はいくつかある。

①外国人の男が四人もどやどやと来たのが癇《かん》にさわった。

②クリスチャンである彼らに「ドルーズのワイン」をしつこく訊いたのがまずかった。

③酒屋は合法ではあるが、日本でいうレンタルビデオのアダルトコーナーみたいな

位置づけであり、従業員としても客と話なんかしたくない。

以上のどれか、もしくは複数の理由が重なった結果だと推測される。

ダマスカスの酒屋は
なぜかみな不機嫌だった

ダマスカス大学の学生たちに
酒屋の場所を聞き込み

レストランで隣あわせた女子大生は、
なんと知事の娘！

シャハバ・ワインを持ってきてくれた
イケメンの靴屋

ついにシャハバ・ワインを飲む。
思わず「美味い」とトルコで覚えた
ジェスチャーが出てしまうが、ここはシリアだ

第7章

認められない国で認められない酒を飲む

——ソマリランド（ソマリア北部）

サウジアラビア
紅海
エリトリア
イエメン
スーダン
アデン海
ジブチ
ソマリランド
●ハルゲイサ
エチオピア
インド洋
ソマリア
ケニア

Somaliland

謎の未確認国家、ソマリランド

私は酒飲みである。休肝日はまだない。ここ十二、三年で、酒を飲まなかった日は数日しかないだろう。

二〇〇二年、謎の「西南シルクロード」を陸路でたどるというハードな旅をしたことがある。現地のゲリラ兵士とともに二ヵ月も雨季のジャングルを歩き、しばしば道にも迷っていたのだが、日記を読み返すと、なんと酒を飲まなかった日が一日もなかった。道はわからなくても酒の入手は怠らなかったのだ。そのエネルギーと集中力の十分の一でもルート探しに役立てればよかったと思うほどだ。

まさに準アル中の私だが、実をいえば、二回だけ長期で禁酒をした時期がある。最初は一九九九年、イエメンに一ヵ月半ほど滞在したとき、そして二回目は二〇〇九年、一ヵ月ほどソマリランドを旅したときだ。

なぜ、この二回の旅だけ、私は酒を飲まなかったのか。むろん、イエメンやソマリランドが敬虔なイスラム国家であることは理由にならない。私はイラン、パキスタン、アフガニスタンなど、他の敬虔なイスラム国家も旅しているが、西南シルクロードのジャングルで迷子になっているときと同様の熱意で酒を探して飲んでいた。

イエメンとソマリランドで酒を飲まなかった理由はただ一つ。「飲む必要がなかった」のだ。

イエメン人とソマリ人は、かたやアラブ民族、かたやアラブとアフリカがミックスした民族であり、文化も習慣も気質も別物だが、共通するのは「カート」という特殊な植物性嗜好品をたしなむことである。

カートはイエメンやエチオピア、ケニアなどアフリカ・中東の多くの国で合法だが、サウジアラビアのように「酒や麻薬に準じるもの」として非合法としている国もある（それでもサウジにはイエメンから大量の密輸カートが流入しているという）。

カートの木は山茶花や椿によく似た広葉樹で、葉っぱもやはり山茶花や椿そっくり。朝にカート畑で摘まれた若い葉っぱを、昼休みや夜、友人たちと一緒にむしゃむしゃとヤギか牛のように食べる。すると、だんだん気分がハイになっていき、周囲の人がみんな、自分の親しい友人に思えてくる。世界は一家、人類はみな兄弟だという熱い感動にひたることもしばしばだ。

このようにカートはいつも、みんなで仲良く食べるのが特徴で、私は「カート宴会」と呼んでいる。イエメンでは、政府の重要事項でも閣議ではなく、大統領主催のカート宴会で決定されると言われる。かつて日本の政治が料亭で決定されると言われたのと同じだ。

私はイエメンに一ヵ月半も滞在したのに、それについての文章はほとんど書いていない。書くようなことがなかったからだ。

毎晩五時間も六時間も、近くの市場の商人たちとカート宴会をして、昼間は疲れて寝ていた。酒宴と同じように、カート宴会も、その場ではえらく盛り上がるのだが、あとで振り返ると「なんであんなに盛り上がってたんだろ？」と何も憶えていない。まったくイエメンくんだりまで行って、一ヵ月半も記憶がないとはもったいないにも程がある。

幸いというべきか、ソマリランドを訪れたときは、同じように毎日カート宴会で過ごしていたのに、ちゃんと記憶がある。それは目的をもって宴会に臨んでいたからだ。

これまでわざと「イエメンとソマリランド」というふうに、さり気なく書き飛ばしてみたが、実はソマリランドは謎の「未確認国家」である。

未確認国家というのはすごい。

私はコンゴのモケーレムベンベとか、中国の野人とか、謎の未確認動物をいくつも追いかけてきた。動物ならまだ古代からの生き残りが辺境地にひっそりと暮らしているかもしれないと思うことができるが、なにしろこちらは「国家」だ。例えばソマリランドは、国土がオランダより広く、人口も三百万人くらいいるといわれる。それが「未確認」なんてことがありうるのかという話だ。

日本ではジャーナリストの書いた二、三冊の本に記述があるのみ、ほかはインターネットの情報ばかりだ。おそらく外務省の職員でさえ、多くはその存在を知らないだろう。

未確認動物とちがい、未確認国家はおおまかな存在の場所はわかっている。ソマリランドは、かつてソマリア共和国と呼ばれた国の北部に建設されているらしい。ソマリアは一九九一年に独裁政権が倒されて以降、内戦と混乱が二十年つづき、今でも無数の武装勢力がひしめく「リアル『北斗の拳』」状態である。

その中で北部だけがいち早く内戦を終結させ、民兵を武装解除し、平和を達成したのみならず、複数政党制に移行し、普通選挙による大統領選出にも成功。治安のよさにしても民主主義の発達度にしても、アフリカ諸国の標準を超えているといわれるいっぽうで、国連の承認はなく、二百ちかい世界中の国のただの一国からも承認されていない。

ソマリランドがソマリア和平会議のテーブルに絶対につかないことから、「ソマリア紛争最大の障害」とか「武装勢力が勝手に独立国を名乗っているだけ」という見方すらある。

いったいどうなっているのか。情報が乏しいときには現地に行って直接見聞きするしかない。大学時代の後輩である宮澤信也という男と一緒に行ってみたのだ。

結果から言えば、ソマリランドは実在した。隣国エチオピアにある「連絡事務所」で「ビザ」を取得し、国境のイミグレーションで「入国」し、「首都の」ハルゲイサに入った。

街には銃を持った人間はいなかった。兵隊の姿も見えない。いるのは、車の混雑をさばく交通整理の警官くらいだ。夜間でも人々はにぎやかに往来し、着飾った若い女の子のグループがキャッキャッと携帯電話をかけながら、そぞろ歩いたりもしていた。

首都だけではない。私は通訳と、万一のための武装警官二名を雇い、ランドクルーザーでこの国のかなり広い地域を訪ねて回ったが、ところどころで「夜は二人だけで出歩くな」と通訳に釘をさされるなど多少の緊張感はあったものの、基本的に問題はなかった。そして何より大事なのは、住民の誰もが「ソマリランドは独立国家だ」と明言していたことだ。

私はカート宴会に臨むたびに、彼らの意見を訊いて回っていたのだ。

カート天国にも酒は存在した!?

一部の日本人には誤解されているが、カートは決して効き目の弱い嗜好品ではない。依存性が酒なみに強いドラッグの一種だ。

葉っぱを口から摂取するため、効き始めるのに時間がかかる。だいたい、ただの葉っぱだし、土埃もかぶっているし、ひどくまずい。多くの外国人は根気が続かなくて途中で「もう、いい」とやめてしまう。ところが我慢して一時間ほどかじっていると、なぜかこの葉っぱが美味くなる。

「えっ、この葉っぱ、けっこう美味いじゃん！」と誰かよく知らない隣の人に熱心に話しかけたりすると、それがもう効いている証拠だ。

よく知らない隣の人もその頃には効いているので、こちらが外国人だとか、言葉がよく通じないとか考えずに、どんどん思っていることをしゃべってくれる。酒のように朦朧《もうろう》とせず、かえって意識は澄み渡るいっぽう、身も心も日本酒を何杯かひっかけたようにリラックスしていく。覚醒と酩酊が同時に起きるのである。

カートの効き目は――酒と同様――食べる量や経験度によってちがう。一般的には宴会は三、四時間くらいで終了するが、その後、ホテルの部屋に戻ってもしばらく心地よい酔いはつづく。

やがてカートが醒めてくるが、そのときが厄介だ。ひどく落ち着かない気分になり、遠くで風の音がざーっと聞こえただけでもビクッとする。他人がみんな自分を嫌っているのではないかという疑心暗鬼や不安にも襲われる。極度に神経質になるのだ。

カートを食べ過ぎると、翌朝もその症状が続き、外へ出て人と話をするのも怖くなったりする。あるとき通訳のワイヤッブにそれを訴えると、「そういうときはカートをまた食べるといい」とこともなげに言われた。

カートの副作用を抑えるために、朝カートを食べることをソマリ語で「イジャパネ」と言う。迎え酒のようなものである。かくしてワイヤッブも私も、毎日朝からカートをかじっていた。

もちろん、昼も夜もかじるから、ほとんど一日中、カート漬けだ。酒とちがい明晰さが失われないから、取材には支障をきたさない。そして、ソマリランドは言論の自由があるので大統領の批判でもなんでもでき、海賊も山賊もおらず（ソマリアの海賊はソマリアの中南部から出撃している）、女性とも普通に話ができる。カートを持ち歩いていると、女の子やおばさんが「あんた、ソマリ人みたいだ」と笑う。

「ソマリランドは本当に素晴らしい国だね」と私が言うたびに、同行の宮澤は「カートのやり過ぎなんだよ、単に」とため息をついていたものだ。

日本では朝から飲酒を認めてくれるところは少ないが、ここでは一日中、ほしいときにカートが食える。まるで天国のようで、私は酒のことなどすっかり忘れてしまった。たまに思い出しても「酒なんかあるわけないよな。必要ないもんな」と思い込んでいた。

それだけに滞在も終盤にさしかかっていたとき、通訳のワイヤッブという男になんとなく、「ここは酒なんてないんでしょ?」と訊いたところ、「あるよ」という答えが返ってきてたまげた。

「エチオピアから密輸されてくるんだ。飲みたければ案内するよ」。彼は気軽に言う。なんとも不思議なことに、「酒がある」と聞いたら、とたんに飲みたくなった。

「ぜひ案内してほしい」と言ってしまった。

ワイヤッブがホテルにやってきたのは、もう日も暮れた午後七時すぎだった。ちょうど午後のカートの効き目が弱まってきたところだった。

宮澤と二人、彼のピックアップトラックに乗り込んで向かったのは、マンスール・ホテルという高級ホテルの近くである。けっこう大きなお屋敷が立ち並ぶ角に一軒の〝カート居酒屋〟があった。カート居酒屋とは私が勝手に名付けたもので、カートを売りつつ、食べる場所も提供する店だ。お茶やコーラなどカートの「つまみ」も販売している(カートの場合、メインが固体でつまみが液体になるのだ)。

カート居酒屋の前に車を止めると、間髪入れずに、少年と若者の中間のような男子が寄ってきた。二十ドル札を渡すと、男子は口数少なく、闇に消えた。誠にスムーズな対応で、システムができあがっているのがよくわかる。

五分と経たないうちにワイヤッブは車をスタートさせた。「あれ? ここで待ってるんじゃないの?」と思ったら、ワイヤッブはにやっと笑った。「君に酒を売る家をちらっと見せてやろう」。彼は実は敏腕ジャーナリストで、私が何を求めているかいつも先回りしてくれるありがたい存在だ。

「ここだ」と彼が指差したのは、灯りがまったくついていない、無人にしかみえない二階建ての屋敷だった。

「地下室は灯りが煌々として、ジンが山積みになっているよ」とワイヤッブは言った。こんな場所はハルゲイサにはいくらでもあって、若者も年配者も女性も、つまり老若男女が買いに来るという。

彼によれば、ソマリランドで入手できるのはジンだけだという。不思議な話だ。なぜならエチオピアでは美味いウーゾがあるからだ。

エチオピアのウーゾはギリシアのウーゾと同じで、もっと言えば、トルコのラク、シリアやレバノンのアラクとも同種である。葡萄から造った焼酎で、水で割ると白濁する。エチオピアではビール以外では、ジンとウーゾが人気を二分している。私はウーゾが飲みたかったのに。なぜソマリランドにはジンしか入ってこないのだろう。

「ソマリ人が好きなのはビールとジンだけだ」とワイヤッブは言う。「でもビールは輸送が大変だからジンしかない」。

まあ、いいか。酒が飲めれば。それにしても人間の欲望の果てしない広がり方には驚かされる。酒がないと思っていたときには「酒なんかいらない」と公言していたのに、あるとわかるとすぐ飲みたくなり、しかもジンしかないと聞くと「ウーゾはないのか」と思う。

そう宮澤に言ったら「人間の欲望じゃなくて、あなたの欲望でしょ」と呆れ顔で訂正された。

さて、その家の前で停車すると、若い男がふわっと闇の中から現れ、車に乗り込んだ。手には小さなペットボトル。そして車は発進した。なるほど、こういう手順なのか。

男は私にボトルを差し出した。それはスプライトの五〇〇ミリリットルのボトルだった。

「ソマリランド・スプライトだ」。ワイヤップと若い男は低い声で笑った。

車は夜の首都を走る。大半は舗装されていない砂漠的な路面であり、凸凹だらけ。外灯も乏しく、しばしば人やヤギが暗闇から飛び出してくるので助手席の私はドキッとするが、ワイヤップはきびきびとハンドルをさばき、ブレーキとアクセルをリズミカルに踏み分ける。彼はこの日も朝から一日中、私たちの取材に付き合って疲れているはずだが、ドーピング的なカートのパワーがまだ効いているのだろう。カートは運転手御用達の葉っぱでもある。

「どこか落ち着いたところで飲もう」とワイヤッブが言っていたが、どこへ行くのか知らされてなかった。

どこか不明だが、郊外にある大きな門扉の家に到着した。中に入ると敷地は広いのに、家屋はごく小さな長屋みたいなのがはじっこにあるだけという不思議な家だった。

その長屋の片方に招きいれられた。灯りは暗く、風通しが悪いのかじめっとしている。家具もろくになく、家庭の気配はない。床に敷かれたかび臭い絨毯の上に直接腰を下ろす。至るところにカートの枯れた葉っぱが散らばっている。カート宴会場なのだろうか。アジトっぽい雰囲気でもある。

ここは大丈夫なんだろうか。写真なんか撮ったら問題になるんじゃないかとちょっと不安になった。

「お父さんが驚く」量のカート

ここでワイヤッブはやっと若い男を紹介してくれた。名前をホセインといい、やはりジャーナリスト。ジャーナリスト（新聞やテレビ、ラジオの記者）は給料が安いので、多くの人が副業を持っている。彼も闇酒屋で働いているのかもしれなかったが、訊いても笑って首を振っただけだった。

ホセインの父親はソマリランド独立運動の英雄の一人で、その功績で政府からこの土地をもらったという。ただし、ホセイン自身はパッとせず、いつまでも家を建てることができないとか。それがこの変な家の理由らしい。

ホセインのあと、ファイサルという年配の男がカートの大きな束を抱えて現れた。

「タカノ、見ろ。それが〝アッバヤーバ〟だ」ワイヤッブがカートの束を指さした。

アッバヤーバというのはソマリ語で「お父さんもびっくり」という意味だ。値段は安く、味もよくないが、とにかく効き目が強いという、安焼酎みたいなものだ。名前の由来は、息子がそれを食べているとお父さんが「そんなカートを食べてるのか」と顔をしかめるからとも、「カート好きの親父も驚くほどの効き目だから」とも言われている。

ファイサルは酒には首を振った。「オレはカートしかやらない」と物静かに答えた。

グラスなんて洒落たものはないらしく、水やスプライトのペットボトルの空瓶が人数分、どこかから集められ、そこにジンが分けられた。

ソマリ人は全般的にせっかちなので、乾杯どころか、全員の手に酒が行き渡るのを待つこともなく、各人がくい、くいとボトルに口をつけて飲み始めた。

私も「スプライト」を口に含んだ。ちょっと薬くさい、ジンのケミカルな匂いがつんとした。

三週間ぶりの酒。感動！——のはずだったが、正直言って「う、まずい！」と思った。

ジンは元々さほど好きでないうえ、これは常温（三〇度くらい）で生ぬるく、しかも水で倍に薄めてある。

こんなに久しぶりに飲み、こんなに感動の薄い酒は初めてだ。

そしてなぜここにウーゾがなく、ジンだけなのかもわかった。ウーゾは水で薄めたとたん白濁してしまうからだ。客に対しても薄めていることがばれるし、たとえ客がそれを承知だとしても、白色では水やスプライトに偽装できないから、周囲の手前具合がわるい。

何事にも理由があるんだな、とここに私は感銘を受けた。現場に来なければわからないことは多い。ソマリランドの実在性とかソマリランドにウーゾがない理由とか。

さて、酒はまずくても酒である。カートとは直撃力がちがう。まず飲んですぐに効き目が現れる。カートは一時間もかかるというのに、なんて速さだ。

興奮度も別物。カートはゆるやかに盛り上がり、理性が抜け落ちるところまではいかないが、酒はどかんとくる。ソマリ人たちは酒に不慣れな様子で、薄いジンをさらに水で割って飲んでいたが、たちまち顔つきが怪しいニタニタ笑いに変わった。

――ヤク中？

と思わずつぶやき、ゾッとする。

カートも酒も、酩酊すると多弁になるのは同じだ。家主のホセインに「家族はいないのか？」と訊くと、「妻はノルウェーに逃げたんだ……」と問わず語りに話し始めた。

奥さんの家はそれなりに裕福であり、奥さん自身もヨーロッパの生活に憧れていた。親戚も欧州のあちこちにいるし、留学もしくは遊学の費用もある。だが、問題なのはソマリランドが国際的に承認されていないこと。ソマリランドのパスポートでは、どこの国にも行けないのだ（隣国のエチオピアとジブチだけは行き来が黙認されている）。

しかし、まだ二十四歳と若い奥さんは我慢ができない。昨年十月のある日、イスラムの祈禱呪術師のところに行ってくると言って出かけたきり、消息をたった。実は夫と二人の子供を置き去りにして、単身ヨーロッパへアフリカ大陸縦断の旅に出たのだ。

ソマリランドを脱出し、アジスアベバ（エチオピア）に到着。そこで他のソマリア難民に混じって、車でスーダンを経由しサハラ砂漠を突っ切って、リビアのトリポリに出て、そこから船でローマに渡ったという。

「危険なルートだよ。山賊やゲリラに襲われることもあるし、密入国だからあちこちの政府軍兵士に捕まる可能性もあるし、車が事故を起こしたり、船が沈没したりなんていうのもしょっちゅうだ」

生か死か、イチかバチかの大ギャンブルらしい。ホセインも「一緒に行こう」と彼女に誘われていたが、あまりに危険なので「オレは絶対イヤだ」と拒否していたという。

彼女はギャンブルに勝った。ノルウェーにたどりつき、「ソマリア難民」として居住することを許可されたという。かかった費用はざっと四千五百ドル（約四十五万円）。それだけの金があれば普通ならどこの国の人間でもヨーロッパに行くくらいできるはずだが、ソマリランド人はわざわざ難民に身をやつさなければならないのだ。ソマリランドは認められていないが、ソマリアは認められているからだ。

「彼女は勇気がある。それにひきかえ、おまえは卑怯者だぁ！」とワイヤッブが突然わめいた。この人も今日はかなりおかしい。

「オー、ノー！　彼女は毎晩オレに電話をかけてくるぞ！」。ホセインの答えは答えになっていない。こういう支離滅裂さもアルコール特有のものでカートにはない。

酒を飲まないファイサルだけが「お父さんもびっくり」という強いカートをもぐもぐ食べつつも、私たちに「オレの親父は第二次大戦中にビルマ戦線へ徴兵されて、日本兵と戦っていたんだ」と静かに話した。

昔は大英帝国の臣民として、自分の意志と関係なく世界各地に連れて行かれて、今は世界の孤児として、ちょこっとヨーロッパに出るにも命がけである。「国際社会」こそがどうかしている。

そう思いつつ、私はいつになく自分がリラックスしていることに気づいた。何かちがう、いつもとちがう……。

そうだ。カートが切れかかるときのビリビリした不安感がない。むしろ不思議な安らぎに包まれている。

酒のおかげでソフトランディングに成功していたのだ。

感激してワイヤップにそう報告すると、彼はにんまりした。

「そのとおり。オレたちもそのために酒を飲むんだ。カートをやりすぎて体がぶるぶる震えたときに、ジンをちびっと一杯やると生き返る」

「それだけじゃない」とホセインが口を挟む。「カートをやってると、セックスをする気にならない。かみさんともできなくなる。だけど酒はちがう。酒を飲むと、ガンガンやる気になる。子供もできる！」。

そうか！　そういえば、カートが効いているときは私も性欲が完璧に消える。股間の〝偉大なる私〟が偉大にならないどころか、どんどん矮小化して、体内に埋没していくような気すらしたものだ。

ソマリランド人は子沢山だ。カート中毒で子供好きの彼らを支えていたのは、実は一杯の酒なのかもしれない。

ソマリランドも、飲酒も、早く認められればいいのにと思ったのだった。

内戦時に破壊された戦車の残骸が
あちこちに転がっている

市場の女性たち。
夜でも女性が出歩けるほど安全だ

ニコニコ顔で束になったカートを購入する著者と
通訳のワイヤップ氏

紙幣をブロックのように扱う両替商。
独自通貨が流通している

内戦時に撃ち落としたという
戦闘機が、勝利のモニュメントに

このように四六時中カートをかじっていたので、
酒の写真を撮るのを忘れてしまいました！

◉写真　宮澤信也

第8章

ハッピーランドの大いなる謎

――バングラデシュ

チベット自治区（中国）
ブータン
ネパール
バングラデシュ
インド
●ダッカ
チッタゴン●
●バンダルバン
ミャンマー
ベンガル湾

Bangladesh

「ハッピーストリート」は実在するのか

相棒の森清とぶらりとバングラデシュへ行った。

第一の目的は北部のインド国境地帯の「飛び地」を見学するため、第二の目的はミャンマーとの国境地帯の少数民族を訪れるためである。二〇〇九年のことだ。

私は酒飲みである。休肝日はまだない。

だが今回にかぎっては「あまり酒にこだわるまい」と思っていた。どうせ二週間ほどの旅程であるし、たまには酒なしでもいいだろう。というより、日頃あまりに毎日飲んでいるので、体が疲れ気味なのだ。そうだ、今回は少なくとも前半の一週間は酒なしで過ごそう。そう思った。

だが……。せっかく私が貴重な決意をしても周囲が許してくれない。

最初の「邪魔」は森清だった。

首都ダッカに到着して最初の夜、その辺の食堂で軽く飯を食って早く寝ようと思っていたのに、「高野さん、ハッピーストリートに行きましょうよ」とうきうきした口調で言う。

ハッピーストリートとはバングラデシュで「色町」のことだという。むろん、ガイドブックには書いていない。インターネットで検索しても出てこない。

その情報を教えてくれたのは、私の知り合いの知り合いで、都内杉並区在住の日本人獣医師P先生だった。P先生は今から四十年近く前、一九七二年から七六年までバングラデシュ北部にある農業大学畜産学部に留学した。バングラデシュ独立直後で、まだ内戦がくすぶり、死体が街のそこかしこに転がっていたという。

「死体を片付けられねえんだよ」とP先生は伝法《でんぽう》な口調で言う。「片付けようとすると仲間だと思われて撃たれるんだ」。

P先生は後に暗殺されたバングラデシュの初代大統領ムジブル・ラフマンとも何度も一緒に食事をしたことがあり、バングラデシュに最も通じている日本人のひとりということだった。だから話を訊きに行ったのだ。

「酒は手に入るんですか？」と私はP先生に訊いた。いや、飲もうと思ったのではない。交通手段に何があるかとか両替はどこですべきかといったトピックと同じように、初めて行く国の基本中の基本事項としていちおう訊いてみただけだ。

「ハッピーストリート」。ぶっきらぼうにP先生は言った。「赤線だよ。女がいるところさ。そこに行けばなんでもある。酒もな」。

女と酒があるからハッピーストリートとは、なんて安直でわかりやすいネーミングなんだろう。

もちろん私はそんなところに行くつもりはなかった。あくまで基本情報として頭にインプットしただけである。

ところが、到着して早々、森が「ハッピーストリートに行きましょう」と言う。「うーん……」と煮え切らない返事をしていると、「ハッピー、ハッピー！」と目を見開いて叫んだ。森は日頃、会社で激務をこなしているせいか、旅に出たときは解放感からハイになりやすい。特に初日はそうだ。

「しかたない」。私は相棒の気持ちを斟酌し重い腰をあげた。あくまで森のためである。

ホテルのエントランスを出てリキシャを探そうとした。ここバングラデシュでは、さすがに人力車こそないが、自転車がお客を運ぶサイクルリキシャ（一般にただ「リキシャ」と言えばこれを指す）や三輪オートのオートリキシャが花盛りだ。そういうリキシャに言えばハッピーストリートに連れて行ってくれるとP先生は言っていた。

ところが探す間もなく、「ハロー！」と声がかかった。塗装もはげてボロボロになったサイクルリキシャを引っ張りながら、ガリガリにやせた腰巻姿のおやじがにやにやと笑いかけてきた。シャブ中のように前歯が半分くらい抜け落ち、残った歯もパーン（びんろう）の嚙みすぎだろう、乾いた血がこびりついたように赤黒く染まっている。

「レディー（女）？　ジキジキ？」。げひひひとおやじはげびた笑い声をあげた。ジキジキとはセックスのことだろう。「色町」へ行くという私たちの趣旨にはずれてはいないが、あまりに胡散臭いので私たちは無視して歩き出した。

しかし、バングラデシュは――この日の昼間すでにさんざん経験していたが――物売りも客引きも乞食もみんな異常にしつこい。このおやじも「レディー、グッド・レディー」とか「ジキジキ」などと言いながらずっと付いてくる。

いい加減にしろよ！　と思ったが、二百メートルくらい行ったところで、おやじが不意に「ドリンキング？　バー？」と言った。その瞬間、怪奇現象のように私の足は地面に釘付けになり、口は霊に憑依されたように「どこ？」と訊いていた。酒と聞いたら脊髄反射をしてしまったのだ。

結局、二百タカ（一タカ＝約二円・当時）で、即座にリキシャの座席に乗った。

「高野さん、嬉しそうな顔して……」と森が呆れながら隣に座った。

インド式のリキシャに乗ったのは二十五年ぶりだろうか。夜の風は生ぬるいが、日中より涼しく、なによりタクシーやオートリキシャとちがい、「むきだし」の感じがよい。体一つで夜のダッカに紛れ込んでいくような気がする。

ダッカの交通は混雑極まる。他のリキシャが横から突っ込んでくるかと思えば、路線バスが巨体を擦り寄せてくる。それでいて停電じゃないかと訝るほど街は暗い。

リキシャ引きのおやじはえらく上機嫌でしゃべり続ける。

「よほど二百タカがいい収入なんですね」と森は言うが、「よほどマージンが高いかもよ」と私は答えた。マージンが高いとは、つまり行き先がぼったくりということだ。実際、もしベトナムでこんな誘いに乗ったら百ドルくらい軽くとられる。

突然、おやじが大声で言った。

「マリファナもあるよ！」

自転車をこぎながら、座席の下から小さな紙包みを取り出した。

「これは百タカ」

人々が行きかう雑踏の中でそれを手にとる。酒を求めるとその前にマリファナが登場するのはパキスタンと同じパターンだ。

黙って返すと、おやじは「ハシシもある。五百タカだけどもっといい。げひひひ」。

「あんた、やるのか？」

「走るのは疲れる。でもこれをやれば……げひひひ」

おやじは笑いながら筋張った褐色の太腿をパンと叩いた。

まったく喰えないおやじだ。

空には三日月がかかっていた。さそり座とおぼしき赤い星座が見えた。スタジアムの脇を通ると、ホームレスの人々が、今たまたまここで休んでいるという顔でくつろいでいた。

暗闇のバーはまるで池袋？

十五分ほど走り、かなり大きな道路に出た。リキシャやベビータクシーが密集して駐車されている場所に割り込んで止まる。

「ここだ」とおやじは道路脇の灰色のくすんだ建物を指差した。

「待っている」と言うおやじを残し、私たちは彼の指示どおり、建物の脇にある狭い階段を上っていった。入口に警備員が立っていたが、私たちと目が合うと「うん」というように頷くだけだった。

階段を上りきり、扉を開けたらバーだった。顔も見えないほど暗いが、バーカウンターらしきものもバーテンらしき人もいるから間違いない。

暗闇の中、ぬうっと従業員らしき男が現れた。イスラムの白い長衣を身につけていることしかわからず、顔はまったく見えない。まるで『銀河鉄道９９９』の車掌のようだ。

顔のない従業員に案内され、隅のテーブル席についた。従業員は英語で「何、飲む？　ビール？」と話しかけてくる。

私は多少予習をしてきたこの国の公用語ベンガル語で「どんなビールがあるの？」と訊いた。

「ハイネケン」

「他には？」

「バングラデシュのビールもある」

「え、バングラデシュのビールなんてあるの?」

「うん、あるよ」

「え、この国でビールなんか造ってるの? 輸入ものじゃないの?」

「ちがう。ちゃんとした国産」

なんと俺、ベンガル語ができるぞ、ベンガル語でスムーズにすごい情報を引き出してるぞ! と一瞬思ったのだが、気づけば、いつの間にか日本語になっていた。

「私、日本に四年、住んでた。池袋の近く」と顔のない従業員は言う。

「え、池袋? どこ? 僕、池袋に前、住んでたけど」と森が反応する。

「サンシャインの近く。デニーズあるでしょ、あそこで仕事してた」

「あれ、東池袋の駅の近くのやつ?」

「そうそう」

なぜこんな暗闇の中で池袋のデニーズの話をしているのか。気が変になりそうだったが、そのうちビールが届いた。

ライターを点してみたらHUNTERという缶ビールだった。

ん? HUNTERってドイツのビールじゃなかったっけ? でもまあいい。とりあえず、乾杯だ。

ごくっと一口飲むと、生ぬるいだけでなく異様に薄い。ノンアルコールビールじゃないかと疑って缶をチェックしたがちゃんとアルコール五パーセントと書かれていた。

森はストロボを焚いて写真撮影。ピカッと光ったその瞬間、店の輪郭が浮かびあがった。客はけっこうたくさんいた。しかし、こんな闇酒場なのにすさんだ感じや、緊張した雰囲気は皆無。だいたいストロボを焚いたことに誰も反応しない。

異常に暗いことをのぞけば普通のバーなのである。

隣に座った若い二人組が話しかけてきた。なんでもダッカ大学の学生だという。こちらもごく普通の学生という雰囲気だったので、いろいろ訊こうとしたら、その手前にいた年配の男が「あなた、日本人？」と日本語で声をかけてきた。

なんだろう、いったい。ここは本当に池袋じゃないのか。池袋のバーにバングラデシュ人の留学生もいるだけなんじゃないか。

年配の男はミヤと名乗った。通算して日本に十年以上住んでいたとのことで、さきほどの顔なし従業員より言葉ははるかに流暢だ。今は機械の輸出をしているという。

彼はかなり酔っているようだった。といっても、あくまでムスリムのレベルだ。ムスリムは酒を飲んでもめったにへべれけにならない。一度だけイランで白昼にへべれけになっている男を見たが、それは例外中の例外なのだ。

「バングラデシュでは、けっこうお酒を飲む人が多いんですか」と私は訊いた。

ガイドブックやネットで得た知識では、バングラデシュは基本的に酒を飲むのも売買も違法としている。外国人は特別に免税店で購入できるが、そのためにはパスブックという許可証みたいなものを取得しなければいけないとされる。かなり厳格なのだ。もちろん、こんなバーは非合法である。

「バングラデシュの人も飲むよ。でもみんなじゃない」とミヤさんは言った。「日本では階級が三つあるでしょ？　上と真ん中と下。でもバングラデシュは五つ。一番上は、政府のえらい人。二番目は……」。

「会社の社長ですか？」と私が口をはさんだ。

「ちがう。会社の社長なんかえらくないよ。私も社長だし。二番目はサラリーマン」

社長よりサラリーマンの方が上の階級とは初耳だ。よく聞くと、この国では会社といえばほとんどが個人か家族営業のもので、だから社長自体はまったく大したことがない。いっぽう、この国ではサラリーマンと呼べるのは大企業の社員だけなので、社長一般よりレベルが上なのだという。

もしこの国にもキャバクラの呼び込みがいたら、「はい、そこのサラリーマン！」とか言うのだろうか。

「この国で酒を飲むのは一番上と二番目だけなの」とミヤさんは断定的に言った。

「私は、ほんとうは三番目だけどね」。

なるほど。さっきの学生二人も、日本の東大にあたるダッカ大学のエリートだ。きっとリッチな家の子弟なんだろう。

「ミヤさん、ハッピーストリートってどこですか？」。私がすっかり忘れていたことを森が尋ねた。彼は女を買いたいわけでなく、そういうアングラな場所に惹かれる辺境気質なのである。

「ハッピーストリート？」。ミヤさんは何のことかわからないようだったが、しばらくして「ああ、わかった」と手をポンと打った。

「昔あったよ、そういうのが。マリファナでも何でもそこで買えたよ。でも、もうなくなったよ。二十年くらい前に」

椅子からずり落ちそうになった。P先生の話はあまりに古すぎたようだ。もっともミヤさんによれば「ダッカから二百キロくらい離れた街には今でもあるよ」とのことだった。

「ダッカでも千タカでいい子がいるよ。あなた、いる?」。さっきの顔なし従業員がいつの間にか戻ってきて、話に口を出す。どうもこの店の従業員はそちらの斡旋もやっているようだ。ハッピーストリートはなくなったが、ハッピーバーはまだあるのだ。

娼窟で発揮されたカメラマンの脊髄反射

女には興味がないので、缶ビールを二杯飲み干すと、バーをあとにした。えらく薄いビールだと思っていたが、建物の外に出たらほろ酔いになっていることに気づいた。特殊な状況では酔いが回りやすい。

「酒は飲めたか? げひひひ」。リキシャ引きのおやじが歯をむいて笑う。

私たちが頷いて座席に乗り込むと、おやじは「OK。次はジキジキ? げひひひ」と言う。

いつもなら断るところだが、酒の酔いが気持ちよく、ハッピーストリートにあるというもののうち、酒と大麻は見たが、女は見ていないことを思い出し、「見るだけなら」と答えてしまった。おやじは嬉しそうな顔をして、ぐいぐいペダルを漕ぎはじめた。

細い路地に入り、自転車はコキコキと音を立てて、くるくると進む。方向はめまぐるしく変わり、どこにいるかさっぱりわからないが、鮮やかな三日月だけが事の成り行きを見届けるようにじっと私たちを見下ろしていた。

止まったのはひときわ狭い路地にある三階建ての建物の前だった。辺りは静まり返り、建物の入口も暗く人気を感じなかったが、リキシャ引きのおやじが近づくと、シャッターがギギッと人一人分だけ開いた。

おやじのあとについて中に入った。さっきのバー以上に暗い。真っ暗闇に近い。おやじは携帯電話を取り出した。電話をかけるのかと思ったらちがう。それをライト代わりにして狭い階段を上りはじめた。日本でも停電になったときは携帯電話を使うべしと災害マニュアルなどに書いてあるが、ここでは通常時でもとっくにそういう使い方をしているのだ。

三階に着くと、ここもシャッターが開けられた。中はまあまあ明るく、一見、ふつうの家のようだ。ソファに男たちが何人かたむろしている。視線は鋭い。ムスリムが経営する娼窟は初めてで少し緊張する。

男たちの一人に案内され、私たちは別の部屋に入った。

ひどい部屋だった。染みだらけの天井から暗い裸電球がポツンと垂れ、汚れきった便器が丸見えの便所の横に、汗をたっぷり吸ってたわんだベッドが置かれ、無理やりシワを伸ばしたシーツがいい加減に張り付けられていた。薄っすらと尿の臭いがした。

一体、どんな男がこの部屋で欲情できるのだろうと不思議でならないが、連れてこられた女の子は二人とも意外にふつうだった。服装も一般的なベンガル女性と同じく適度に派手なサリーだし、ちょっと太めだが、まだ二十歳前後でルックスもそんなに悪くなく、笑顔はかわいらしい。もっと無気力で暗い子か、崩れきった年増が出てくると思っただけに意表をつかれた。

酒の話になると反射的に食いつくように、誰か現地の人に会うと、反射的に片言の現地語で話しかけないではいられない。私は酒と同じくらい言語も好きなのだ。

ここでもよせばいいのに、その子たちにベンガル語で「年はいくつ？」「名前は？」「出身は？」などと問いかけ、彼女たちもくすくす笑って答えて、なんだか和やかな雰囲気になってしまったが、もともとこちらはやる気ゼロである。

「今日は帰る。ごめん」と言って外に出ようとした。森も「サンキュー」と声をかけたが、女の子たちは突然、鬼のような形相になり、一人が「ノー・サンキュー！　ファック！」と怒鳴った。

ソファに座っていた他の男たちも不機嫌そうに睨んでいたが、かまわず階段を下りて行った。

「いやあ、こんなのが撮れました」と外の道路に出ると、森がデジカメの液晶画面を見せた。なんと、あの部屋で私としゃべる女の子二人が写っていた。

いったい、いつの間に！　こんな写真を隠し撮りしていたとバレたら、タダじゃ済まされなかったろう。それだけじゃない。この写真を何に使うのか？　別にスクープ性もないし、エロでもないし、無論、芸術的な価値もない。なのに、なぜわざわざリスクを負うようなことをするのか。

きっと写真家の本能で反射的に撮ったのだろう。

反射はよくない。でも反射なだけに理性では止めようもないのだった。

〝ハッピーランド〟チッタゴン丘陵へ

一週間後、私たちは首都ダッカから東へ向かう車に乗っていた。気持ちは穏やかでリラックスしていた。

第一の目的である北部国境付近の「飛び地」はすでに見物してきた。あとは第二の目的地であるミャンマーとの国境地帯へ行くだけだ。これまでは酒を我慢したり、自分の、あるいは相棒の脊髄反射に苦しめられたりしたが、これからはお楽しみが待ち構えている。

ミャンマーとの国境地帯はチッタゴン丘陵と呼ばれ、主に少数民族が住んでいる。彼らはチベット・ビルマ語族系の言語を話す人々で、ミャンマーやタイの多数派と同様、上座部仏教の信徒である。

ミャンマーやタイの多くの人々同様、彼らは昔からふつうに酒を造り、飲んでいる。バングラデシュ政府もあえて咎めることをせず、黙認していると聞いていた。

つまり私たちもこそこそ隠れずに堂々と酒が飲めるはずで、ハッピーストリートどころでない、〝ハッピーランド〟と呼びたくなる地域だった。

「バングラデシュという国は不思議だ。イスラム法に則って酒を禁止しているのに、酒はあちこちで飲めて、酒を造っている企業もある。しかも造った酒は輸出していない。そして、酒のせいで警察に誰か捕まったなんて話は聞いたこともない」

そう話すのは、今回ダッカから私たちに同行してくれているガイド役のバイさんだ。彼は獣医師P先生の大学時代の同級生で、政府畜産省のオフィサーを昨年定年で退き、今は同省に嘱託として勤めている。

もちろんバングラデシュのことは詳しく、そして少数民族のことはもっと詳しい。というのはこのバイさん、少数民族の中で最も人口の多いチャクマ族の出身なのだ。

初めてバイさんに会ったときは驚いた。のっぺりした顔、細い目、白い肌をしていて、てっきり現地に長く住む日本人だと思った。「こんにちは」と日本語で話しかけてしまったほどだ。

バイさんも仏教徒だ。別にこの国の多数派であるイスラム教徒のベンガル人に対して批判的ではなかったが、「六十年近く彼らと一緒に住んでもよくわからないよ。酒はダメなはずなのに飲む人は飲むし、結婚していない男女は一緒にいてはいけないはずなのに、公園ではよくデートをしている」とモンゴロイドらしい穏やかな笑みを浮かべた。

「チッタゴン丘陵では私も酒が飲めるんですよね?」。すでに何度も訊いていたが、心配なので私はまた訊いてしまった。

「もちろん。私たちは仏教徒で君も外国人の仏教徒だろう？　何も問題ない。仏教はシンプルだ」

言外に「イスラムは表裏があるが仏教はない」という仏教徒の誇りみたいなものを感じさせた。

ダッカから東部の中心地チッタゴンまでは、たかだか二百六十キロ程度、つまり東京—浜松間くらいしかないのに、チャーターした車で十時間かかった。あまりに道路が混んでいるのだ。バングラデシュは本当に人も車も多い。一年中、お盆か正月の帰省ラッシュに見舞われた東名高速みたいな状態なのだ。

救いは街道沿いに広がる田園風景だ。広い田んぼの中に、ときおりヤシが植えられた畦道がある。親戚の婚礼にでも出るのか、着飾った両親と娘がリキシャに揺られてその畦道を進んでいる風景など、一生忘れられないほど美しかった。

バングラデシュといえば、日本では「貧困」とか「災害」とか「洪水」の話ばかりだが、実は食べるものには不自由しない豊かな土地だ。

翌日、チッタゴンを発ち、四時間ほど走ってバンダルバンという町に到着した。ここはマルマという少数民族の町と聞いていたが、ベンガル人ばかりで少しがっかりする。

もっとも荷をほどいたゲストハウスは、入口で靴を脱いであがるというマルマ・スタイル。オーナーはマルマ族出身で、映画で見る昔の上流階級のベトナム人のように優雅な立ち居振る舞いをする人だった。スタッフもみんな少数民族。私たちが汗ばんでいるのを見て、さっと扇風機を回すなど、さり気ない気遣いがある。ベンガル人なら「暑いか？　じゃあ扇風機をつけよう」と先に相手の希望を確かめるだろう。そういうストレートさもいいのだが、やはりさり気ない親切には故郷の匂いがする。

「マルマ」と「ミャンマー」は語源が同じであり、つまり言語的にも民族的にもひじょうに近い間柄だと資料で読んでいたので、オーナーに拙いビルマ（ミャンマー）語で話しかけたら、こちらがとてもついていけないほど流暢なビルマ語が返ってきた。

それでも英語とビルマ語のちゃんぽんで、彼は丁寧かつ嬉しそうに語った。

「酒は米の焼酎ですね。家の中では飲めるけど、外では飲めません。ここは軍の統治下なもので厳しいんですよ。唯一、四月の水掛祭りのときだけは、三日間、どこでもお酒が飲めます。軍もそのときは何も言いません。見ず知らずの人からお酒を勧められて飲んで酔っ払い、また自分も道端の誰彼にお酒を勧めて一緒に酔っ払って、……ああ、あんなに楽しいことはありません」

話を聞いているだけで酔いそうだ。ハッピーランドの面目躍如といったところか。

オーナーの知り合いが町を案内してくれるというので外に出た。まずはお寺。ミャンマーのヤンゴンにあるシュエダゴン・パゴダを模したという大きな寺院だった。

「あー、いいなあ……」と思わずため息が出た。

オレンジの衣をまとった坊さんの合間を犬が何匹も我が物顔にうろついている。イスラム圏は酒が入手しにくく、女性と話がしづらいだけでない。犬が無闇に嫌われている。犬好きの私には辛い。

トルコでは四歳くらいの幼児たちが生まれたばかりのかわいい子犬に石を投げつけている場面に出くわし、ショックを受けたこともある。他の国でも、犬はたまにしか見かけず、たまに見かける犬は皮膚病でボロボロになっているか、骨と皮ばかりになってゴミ溜めをうろついている。

イスラムがさほど厳格でないバングラデシュでは、他の国より犬をまともに扱っているようだったが、それでもチッタゴン丘陵に入ってからは、犬のリラックス度は見違えるほどだ。その辺に寝そべり、車や人が横を通っても起きない。よほど大事にされているようだ。生き物を大事にするのは仏教の大きな特徴の一つだ。

バイさんにそう言うと、寺の入口に立てられたベンガル語の看板を指差し、「『犬をお寺に捨てないでください』って書いてあるよ」と苦笑した。

お寺のあとは町外れにあるマルマ族の村を訪れた。竹で編んだ高床の家、子供と遊ぶ犬、タナッカーと呼ばれる白粉を顔に塗りたくった少女、ブヒブヒ言いながらうろつく黒毛の豚、真っ昼間にトキを告げるトンチキな雄鶏、家の前でくつろぎながら野菜を選り分けるおばさんたち、そして外国人である私たちを嬉しさ半分、緊張半分で案内する若い村長らしき人物……。

私が長年通ってきたミャンマーやタイの少数民族の村そのものだ。

何もかもが見慣れた風景であり、私には一瞬にしてここの人たちが朝起きてから夜寝るまでどんな生活をしているのか見えたような気がした。

一つ、面白いことがあった。若い村長も当然のようにビルマ語を話したから訊いてみると、マルマの言葉では酒のことを「アラ」と言うそうだ。

アラとはアラクのことにちがいない。アラクとはアラビア語で「酒に少々の水を加えたもの」を意味し、ナツメヤシの実や葡萄から造った蒸留酒のことを指す。イラク辺りがかつてアラクの本場だったといわれている。

アラクはそこから世界中に広まった。例えばトルコの蒸留酒「ラク」もアラクから訛ったものだ。インド、マレーシア、スリランカではヤシの樹液やココヤシで造ったアラクがあるという。モンゴルは家畜の乳や穀物から蒸留酒「アルヒ」を造るが、これもアラクに由来するそうだし、フランスのブルボン王朝ではサトウキビを原料にアラクを造ったという。日本では江戸時代にオランダから渡来し、阿刺吉《あらき》とか阿刺基《あらき》と呼ばれたそうだ。

意外なところでは、バングラデシュの真北に位置するブータンでも焼酎のことをマルマと同様、「アラ」と呼んでいる。不思議なことにバングラデシュのベンガル語では酒は「モ」と言い、アラクという単語はない。このミャンマー国境まで「アラク」という言葉と蒸留方法はどうやって伝わったのか。ブータンなどヒマラヤ経由なのか、それとも海からダイレクトに来たのか。

さらに興奮したのは、マルマ語とビルマ語はひじょうに近いが、マルマ語のラ行の音がビルマ語ではヤ行に変化するとわかったことだ。

ビルマ語では酒のことを「アイェ」という。つまりマルマ的に変換すれば「アリェ」であり、「アラ」が訛ったものに間違いない。

イラク起源のアラクはミャンマーにまで伝わっていたのだ。

「おい、すごい発見だよ！」と森に訴えたのだが、彼はある家の戸口で物憂げにたたずむ美少女の写真を撮るのに熱中して「へえ、よかったですね」と上の空の返事をしただけだった（後日、この「発見」はビルマ語研究者の間では「常識」であることを教えられた）。

こうして懐かしき東南アジア的世界に浸っていたのはいいが、ガイド役のバイさんの難しさには参った。

何を訊いてもはっきり言わない。イエスかノーかもさっぱりわからない。途中で見かけた古い寺に行きたいと言ったら、なぜかまったく別の寺に行ってしまった。「ちがいますよ」と言っても不機嫌そうに頷くのみ。

私たちが寺のお堂にあがると、近くの村の人がわらわらと集まってきて、なにやらベンガル語で楽しげに盛り上がっている。「何を話してるんですか」と訊くと、「もう話は終わった」と超然と答える。禅問答のようだ。そして、二十分くらいすると、「さあ、行こう」と立ち上がる。どこへ行くのか説明はない。

私が長年苦しめられてきた典型的な東南アジアの「説明の不在」だ。わからないのはバイさんが四十年以上、首都ダッカに住み、政府の役人として仕事をしてきたということだ。何十年暮らしても、ストレートにものを言うベンガル人の習慣に馴染まなかったのだろうか。それとも自分のエリアに戻り、急速に元の習慣に戻ってしまったのだろうか。

まあ、私も慣れているし、どこの寺に行くとかどんな人と会うとかは別にいい。ただ困るのは、一体いつ、どこで酒が飲めるのかさっぱりわからないことだ。

いくら懐かしきハッピーランドとはいえ、酒が飲めなかったら画竜点睛を欠くどころの騒ぎでない。何しにここまで来たかわからないじゃないか。

夕暮れが近づくにつれ、私はどんどん落ち着きを失ってきた。でも、あまりバイさんをせっつくと機嫌が悪くなるし、彼があまりに日本人に似ているから、どうも遠慮してしまう。ときどき、さり気なく「あー、酒が飲みたいなあ」とつぶやいてみたりするが軽く無視されていた。

何ということだろう。せっかく仏教圏で堂々と酒を飲めると思っていたのに、まるっきりイスラム圏と同じ状態に陥っている。

村を歩いているとき、あと少しで酒にありつけるところだった。写真を撮りながら別行動をしていた森が「酒みたいなものを見つけました」と報告に来たのだ。行ってみると、ある家の軒先に、大きな壺が置かれていた。壺にはこれまた大きなひょうたんが蓋代わりに載せられていた。ひょうたんをぱかっとはずすと、もわっとした蒸気とともに甘酒の香りが立ち上った。間違いない。酒だ。米がたっぷり入っているところを見ると、まだ発酵させている最中らしい。

家の人に「これを味見させて」と頼み、返事を聞く前に森がなぜか携えていたスプーンを突っ込んで温かい汁をすする。酸味が口の中に広がった。うーむ、まだ発酵が始まっていなかった。残念だ。

でも、この村にはきっと出来上がった酒があるはずだ。

「ここの酒はおいしそうですよ」とバイさんに仄《ほの》めかしたが、彼は「うん。私たちの村でも同じように酒を造る」と虚ろな笑みを浮かべただけで、そのまま歩いていってしまった。

そういえば仏教も……

夕食をどこでどうやって食べるのかという実に簡単なこともなかなかわからず、バイさんと私たちは仏教徒の曖昧な森をさ迷っていたが、八時を回ったところで、ようやく宿を出た。

「酒、飲みに行くんですよね？」と確認するが、バイさんはいつものように曖昧に頷くだけである。

町は暗く、静まりかえっていた。

これまでチッタゴン丘陵をハッピーランドなどと呼んできたが、実情はそれから程遠い。圧倒的に多数派であるベンガル人は、僻地の丘陵地帯に住む仏教徒の少数民族など眼中になかったらしく、彼らの土地を国有地として没収し、十万人もの住民の家を奪ってダム湖を建設したり、ベンガル人の入植者に与えたりした。

その結果、少数民族側も武装蜂起し、この地は長らく内戦状態にあった。少数民族の村の虐殺や焼き討ちが繰り返され、何万という難民がインドに流れたりもした。

少数民族ゲリラは一九九七年に政府と和平条約を結び、いちおう内戦は幕を閉じたが、今度は旧ゲリラが二つに割れ、血で血を争う戦いが続いている。今でもチッタゴン丘陵はバングラデシュの政府でなく、軍の統治下にあるというのはそれが理由だ。

軍が飲酒を厳しく取り締まるのも、酔いが暴動やデモなどにつながることを恐れているからだろう。結局、個人が家の中で飲むのも、外国人がご馳走になるのも、あまりおおっぴらにはいかないようだ。

バイさんと、ホテルのオーナーの知人は、極力口をきかない。静かに何かお土産のようなお菓子を買い、小声で二台のリキシャを呼び止めると、それに乗り込んだ。

リキシャにはライトがない。車体にぶら下げたランタンだけが頼りだ。

五分足らずでリキシャは一軒の家の前に止まった。石造りのごく普通のベンガル式の民家だ。ドアを叩くと、ランニングシャツに腰巻という、これまた普通のベンガルスタイルのマルマの男性が現れた。この家の主人らしい。やはり無言のまま、私たちを中に招き入れた。

どうにも「非合法」の雰囲気だ。

私たちが通されたのは、六畳くらいの部屋だった。ベッドとテーブルがあり、壁に芸能人のポスターが貼られている。ここの若い息子の部屋らしい。

低いガラスのテーブルには、すでに宴の準備がされていた。お猪口のような小さな杯とミネラルウォーターのボトルに入れられた透明な液体。

私の顔は思わずほころんだ。間違いなく、これから酒が飲める。

そのとき突然、電灯が消えた。

「停電だ。よく、あるんだ」とバイさんが静かな声で言う。家の主《あるじ》がスタンドライトとロウソクを持ってきて、テーブルにそっと置いた。

堂々と明るく酒を飲むつもりだったが、結局はいつものように、暗がりでひそやかに飲むはめになった。やっぱりイスラム国家ではこうなる宿命なのだろうか。でもこのひそやかさに味わいがあるのも事実だった。

バイさんが私の顔を見て「行け」というふうに頷く。私も黙って頷き、ボトルの酒を杯に注いだ。匂いを嗅ぐと、タイの焼酎「ラオカオ」に似ている。いや、ここと国境を挟んでミャンマー側に住むナガやカチンといった少数民族の焼酎にそっくりだ。

「これはダブルですか？」。私は訊いた。ここの焼酎は二度（ダブル）蒸留するからとても強いと聞いていたのだ。

「いや、トリプル（三度）だ」とバイさんはにやっとした。

酒を口に含むと、ナガやカチンの焼酎に似ているが、もっとクリアで洗練された味がした。度数でいえば四十度くらいだろうか。強烈なのだが、周囲の人々の仏教徒的な雰囲気がそうさせるのか、ゆっくり、やさしく、喉から胃壁を浸していく。

ああ、なんて幸せなんだろう。

「これ、ミャンマーの少数民族の焼酎に似てますが、もっと強いですね」

私がそう言うと、バイさんは珍しくにこにこ顔になった。

「強いか？　そうか、強いか」

嬉しそうにベンガル語で主に通訳している。主も微笑んでうなずく。どうしてかわからないが、酒（蒸留酒）が「強い」というのは世界中、どこの国でも褒め言葉なのである。

主人が黙って、肴を持ってきてくれた。なんと、豚肉とじゃがいもの煮物と、筍の煮物だった。もちろん一般のベンガル・ムスリム世界では豚肉など食べないが、筍もまたベンガル人は食べないという。

筍の煮物は、タイでいう「パクチー（香草）」とタイやミャンマーでいう「ンガピ」（魚やエビの発酵調味料）、それにカレーで味付けされていた。筍を手でつかんで口に放り込むと、カリッ、シャキッと弾ける。ベンガル世界にはない、複雑な風味が広がる。

「この肴はこの酒にものすごく合いますね！」。感にたえず、ご主人にビルマ語で伝えると、彼は「そうですね」と初めて私に返事をしてにっこり笑った。

バイさんも、案内人も、ご主人も、誰一人として一緒に飲もうとしない。早くも酔っ払いモードに入った私が「ほら、みなさん、飲みましょうよ！」と勢いよく誘っても、みんな微笑したまま首を振る。飲まないどころか、肴にも手を出さない。

ミャンマーと同じだと思った。ミャンマーでは、家に客を招待すると、一緒に食事をせず給仕に徹するというのが伝統的な作法なのである。

やっぱりミャンマー文化圏なんだなあと思いつつ、数日ぶりの飲酒とあって、早いピッチで杯を空けていると、バイさんがふと「私にはわからないよ」と言った。

「何がです？」

「私たちの宗教では酒を厳しく禁じている。なのに、どうして私たちは酒を造って飲んでいるのだろう？」

一瞬私はイスラムの話かと思った。だがそんなはずはない。彼は仏教徒なんだから。そして、次の瞬間、思わず「そうなんですよ！」と大声を上げてしまった。

そうなのである。

仏教は酒を禁止している。

上座部仏教の戒律は決して厳しくない。出家したら二百二十七もの戒律があるが、一般の信徒はたった五つだけだ。「五戒」と呼び、上座部仏教だけでなく、日本も含めた大乗仏教でも基本中の基本とされている。うち、四つはこうだ。

・殺してはいけない
・盗んではいけない
・淫らなことをしてはいけない（不倫などを指す）
・嘘をついてはいけない

戒律というより「常識」に近い。そして最後の一つがこれだ。

・酒を飲んではいけない

なんと、人間として生きるうえで最低限守らなければいけないことに「禁酒」があるのだ。酒を飲むというのは、殺人や不倫や盗みや詐欺と同レベルの「悪」なのだ。イスラムでも酒は原則禁止だが、コーランのある箇所では「酒に酔ってお祈りをしてはいけない」と記されており、「何が何でもいかん！」というほどの迫力ではない。少なくともコーランには「豚肉を食べてはいけない」とか「コーランや使徒ムハンマドを侮辱してはならない」など、もっと強い禁忌がいくつもある。

つまり、本来は仏教のほうがイスラムより酒に対してはるかに厳しいのである。なのに、日本人はもちろんのこと、ミャンマー人やタイ人やブータン人のように「敬虔な仏教徒」と呼ばれる人たちも、この戒律をまったく無視してせっせと酒を造り、こころゆくまで飲み、へべれけになって平気な顔をしている。

しかも誰一人、これについて公に疑問を呈する人がいない。私も前々から不思議に思っていたが、やはり首をひねるだけで、話題にもしないでいた。

これこそ「ハッピーランド」である仏教圏最大の謎だ。

イスラム圏には裏表があるが、仏教圏には裏表では済まない曖昧模糊とした複雑な世界が広がっているのであった。

ダッカ市内の闇バーへと
著者をいざなうリキシャのおやじ。
前歯が半分くらい抜け落ちている

顔も見えないほど暗い店内。
まさに〝闇バー〟である

ダッカの娼窟で女の子二人と談笑する著者を
旅の相棒・森清が隠し撮りした写真。
このあと、女の子たちは鬼の形相と化す

見よ、この嬉しそうな表情を！
マルマの村で酒を見つけた瞬間だ

マルマの村で停電中の酒宴。このあと、
仏教圏の謎に直面する

あとがき

私は酒飲みである。一日の終わりには飲まずにはいられない。そこで「ない」とはわかっていてもつい酒を探してしまう。で、その結果、往々にして見つかってしまう。「ない」はずなのに。

なぜイスラム圏に酒があるのか。

異教徒の外国人向けに置いてあるとか、イスラムの教えを守らない信者もいるという説明は間違いでないが、それだけでもない。

私が酒の探索を通して気づいたことがいくつかある。

一つは、現在はイスラム圏になっているが、いまだにイスラムがやってくる前の土着の習慣を残している土地が少なからずあるということ。

例えば私のスーダン出身の友人によれば、今は厳格なイスラム国家として知られるスーダンも、一九七〇年代までは結婚式などの目出度《めでた》い場では酒を飲むのが当たり前どころか、飲まないと怒られるほどだったという。

私が体験した中では、チュニジアのオアシス・バーがそうだろう。またシリアのドルーズ派も、イスラムの教えと土着の信仰が混交したものだと思う。

イスラム圏にも地域性が歴然として存在し、それがイスラム自体を多様で豊かなものにしているのだ。

二つめは、異教徒（少数民族）の存在。

一口に「イスラム国家」と言っても、国民が百パーセント、ムスリムという国は存在しない。必ず、キリスト教徒、ユダヤ教徒、ヒンドゥー教徒、仏教徒などが共存している。

ヒンドゥー教徒は飲酒に消極的だが、他はクリスチャンにしてもユダヤにしても、それから本当は絶対酒を飲んではいけないはずの仏教徒も、飲酒が大好きである。

中でもキリスト教徒は別格の存在だ。なにしろキリスト教ではミサにワインが欠かせない。葡萄酒はキリストの血なのである。だから、キリスト教徒は絶対にワインを造るし、どんな国家もそれを禁じることはできない。

飲酒厳禁を建前とするイランでも、アルメニア正教徒だけはワインの製造と飲酒を認められている。

異教徒は歴史的にもイスラムのコミュニティに不可欠な要素だった。イスラムでは酒や賭博と同様に「利子」も禁止しているから、金貸しや両替という金融業は歴史的にユダヤ教徒やキリスト教徒の仕事だった。

キリスト教徒は地中海貿易の担い手でもあったから、イスラム世界が科学や経済の先進地域であった中世でも、立場が逆転したルネサンス以降でも、彼らが文明や新しい発明を後進地域に伝えるのに大きな役割を果たしてきたのは間違いない。

イスラム圏は異教徒も「込み」で成立していたのではないか。そう考えないと、イスラム圏のムスリムは、今でも異教徒に——私のような不埒《ふらち》な輩にまでも——驚くほど寛容で気遣いがあることが説明できない。

最後に気づいたというか、一言いわないでいられないのは「イラン（ペルシア）」である。

国家レベルでは飲酒厳禁のイランだが、個人レベルでは中東で最も酒飲み率が高い気配を感じる。しかもそれは今に始まったことではないらしい。

現在のイラクの首都バグダッドも、もともとはペルシア（イラン）文化圏である。アッバース朝の時代、首都であるバグダッドの町には居酒屋が並び、酒と、お酌をする「酌妃」をおいていた。ちなみに酌妃は美少年である。

当時のバグダッドに暮らしたアブー・ヌワースという詩人は、ペルシア人の血が入ったアラブ人らしいが、おびただしい数の酒の詩を書き、晩年にはその遊蕩を後悔して、神に許しを乞うた。太宰治をも彷彿させるやけっぱちで女々しいこの酔いどれ詩人は、今でもアラブの男たちに人気があるという。

酒の詩人といえば、イランには生粋のペルシア人のオマル・ハイヤームがいる。レオナルド・ダ・ビンチ級の万能の天才だったとも言われるこの人は、やはり「酒を飲まずに何をするか」みたいな詩を書きまくった。

興味深いのは、現在のイランでもオマル・ハイヤームが否定されていないことだ。ちゃんと尊敬されている。

なぜ飲酒の詩が許されるのかというと、そこにはからくりがある。なんと、イラン・イスラム革命のカリスマ、ホメイニ師も「酒」の詩を書いているのだ。

無論、ホメイニ師が酒飲みだったわけではない。そこに描かれる「酒」は、エタノールを主成分とする現実の酒ではなく、「神との合一」だとか「信仰の至福」といった宗教的陶酔の象徴らしい。そして、オマル・ハイヤームの飲酒詩も、厳格なイスラム体制側からそう解釈されるという。どう見ても信仰と関係のない、酔っ払いの歌なのに。

もし中国なら「反革命分子」とかレッテルを貼られて終わってしまうだろうが、イランではそんなもったいないことはしない。世界に誇るイランの偉大なる詩人なのだ。「オマル・ハイヤームの言う酒は酒ではない」という曲芸的解釈で整合性をつけ、自陣に取り込んでしまう。イラン人、恐るべしである。

イランは伝統的に、華やかで繊細な文化をもち、私は「中東の京都」だと勝手に思っている。そしてなにしろ京都だから本音と建前の落差も大きい。

清濁合わせのみ、ついでに酒も飲んでしまうイラン人から今後も目が離せない。


……なんて、ついもっともらしいことを書いてしまったが、本書で私が言いたかったのはそんなことではないのだ。

いまだに日本や欧米では、「イスラム＝前近代的で非常識」とか「ムスリム＝過激で不寛容」といった偏見がまかり通っている。

いっぽう、それに反論する人も「イスラムは本来寛容な宗教である」とか「貧しいものに対する喜捨の精神」などと生真面目な顔で説く。

実際はそんな難しい話じゃない。

私が出会ったのは、犬の写真を撮ろうとすると、一生懸命、（イスラムでは不浄とされている）犬を押さえようとしてくれる通りがかりのおじさんとか、酔っ払っていてもお釣りをきっちり返してくれるチュニジアの田舎の人たち、自分は飲まないのに、私の酒探しを手伝ってくれたアフガニスタンやバングラデシュなどのホテルや単なる通行人の人たちである。

ムスリムの人たちは酒を飲む人も飲まない人も、気さくで、融通がきき、冗談が好きで、信義に篤い。

現在、世界的にイスラム復興主義が進み、最近のアラブ諸国の民主化によりその傾向にますます拍車がかかることが予想されるが、こういった根本的なイスラムの文化や一般の人たちの気質は大きく変わったりはしないだろう。

そういうイスラム圏の楽しさが少しでも伝われば嬉しい。

最後になったが、本書の担当編集者として素晴らしい冴えを見せてくれた扶桑社の織田曜一郎君と、多くのイスラム圏への旅に同行し、美しい写真を提供してくれた写真家の森清君に心からお礼を申し上げます。

そして、厄介な酒飲みである私の面倒をみてくれたムスリムの方々に深く感謝するとともに、みなさんの健康と幸せをお祈り申し上げます。

二〇一一年五月末日　東京・杉並の仕事場にて

文庫版へのあとがき

単行本の刊行から三年が経過した。

あらためて読み直して驚いたのは、著者つまり私が、あたかもアルコール依存症のように思えることだ。いつも酒、酒……とそれしか頭にないように見える。

おかしい。実におかしい。

イスラム圏へ酒を飲みに行ったことなどないのだ。いつも他にしっかりした目的があり、その上で取材なり旅なりに出かけている。取材や旅に食事やお茶が欠かせないのと同程度に酒が欠かせないというだけのことなのだ——。

……と書けば書くほど言い訳めいてくるので、いくつか後日談を付け加えたい。

まず、ソマリランドである。私はその後幾度となくこの国に舞い戻り、『謎の独立国家ソマリランド』という大作を書き上げた。ワイヤッブは今や単なる通訳でなく、私の「盟友」とでも呼ぶべき存在だ。

彼の名誉のために言っておくと、彼は今はもう酒を飲んでいない。もともと体質に合わないらしく、昔から舐《な》める程度だったのだが、最近は全く受け付けなくなったようだ。カートは相変わらず、ヤギかラクダのようにバリバリと食べ続けているが。なので、万一読者のみなさんがソマリランドで彼に会っても「酒が好きなんだってね？」などと野暮なことを言わないように。

もう一つ、特記すべきは、シリアである。私たちが訪れたときは、独裁政権で言論の自由も民主主義もないものの、至って治安がよく平和が保たれていたのだが、ご存じの通り、「アラブの春」の連鎖から激しい内戦に突入してしまった。いまだに信じられない思いだ。

「都知事の娘」のサバちゃんなどは金持ちのクリスチャンなので欧米に逃げているだろうが、気の毒なのは一般の人々だ。特に私たちにワインを飲ませてくれたドルーズ派の人たちはそれまでアサド政権寄りと目されていただけに、反政府側からは「反イスラム的」と迫害の対象になっている可能性が高い。彼らの無事を祈るほかない。

なお、今後私が訪れたいイスラム圏はと訊かれれば、エジプトの旧ユダヤ人地区、イラクのクルド自治区、アゼルバイジャン、ウズベキスタンなどを挙げたい。いずれもまだ行ったことのない地域であり、政治的・宗教的・歴史的な事情で飲酒が許容されていると耳にする場所である。あ、いや、もちろん酒だけじゃなくて土地自体に大いに興味があるのです。本当です。信じて下さい。

最後になりましたが、講談社文庫の西川浩史さんに篤くお礼申し上げます。

二〇一四年六月　長野県・飯田市の友人宅にて

解説

川内有緒（ノンフィクション作家）

地球の全人口の五分の一を占めるともいわれるイスラム教徒。果たして彼らは、本当に酒を飲まないのか。それとも、こっそり飲んでいるのか。その気になる疑問の答えは、本書の中にある。

この本は、「私は酒飲みである。休肝日はまだない」という作家・高野秀行が、酒を禁じるイスラム圏で酒を探すという、野心的な、はたまたどうでもいいような挑戦の記録である。舞台は、中東、アジア、アフリカの十ヵ国。中には紛争状態のアフガニスタン、酒の所持が発覚するだけで即逮捕というイラン、そして世界地図にも載っていない謎の国家ソマリランドまで。

しかも、ただ酒さえあればいいという話ではない。その野望は、「現地の人間とわいわいがやがや飲みたい」、「ムスリムの地酒を飲みたい」と段階的にエスカレートしていく。

禁じられた国・秘密の地酒・イスラム教徒との宴会。

まさに、タブーの三拍子。しかし、高野さんは言う。

「タブーを破りたいわけじゃない。酒が飲みたいだけなんだ！」

その純粋なモチベーションに、同じ酒飲みとして、まったく頭が下がるのである。

私が初めて高野さんに会ったのは、『イスラム飲酒紀行』の発売記念トークイベントだった。一緒に来た友人も酒飲みで、トークを聞いた後は、それを肴に酒を飲もうという話でまとまっていた。

会場の書店に着いた時、友人は「あっ！　高野さんがいるよ！」と嬉しそうな声を上げた。

「え、どこ!?　あ、ほんとだ！」

初めて見る憧れの作家の姿は、期待を裏切らないものであった。

自ら進んで書店の前に立ち、カップ酒を手に「でへへ」と陽気に酔っぱらっていたのだ。まさに、「酒飲みの酒飲みによる酒飲みのためのイベント」である。そして高野さんは、ビールの缶をプシャッと開け、「僕はね、元々は酒を飲まなかったんだよ！」という説得力に欠ける話を始めた。えー、ほんとですかー、という白々しい空気が会場に流れかけたが、続きを聞いて大いに納得した。

酒を飲むきっかけとなったのは、ミャンマーの反政府ゲリラ支配地区に潜入していた時のこと。一九九五年当時、世界最大の麻薬地帯であるゴールデントライアングルにおけるアヘン栽培の実態を探るべく、アヘン農家を手伝いながら長期取材を敢行した。その体当たりの取材は、『アヘン王国潜入記』（集英社文庫）として一冊にまとまり、作家としての「背骨」と呼ぶべき仕事となったと後に述懐している。

しかし、取材が体当たりすぎたのか、「できあがったアヘンを吸っていたら今度は中毒になっちゃって。中毒を治すために今度は酒を飲んでたら、すっかり酒が好きになっちゃった、へへへ！」というわけであった。

あれから十数年、高野さんは休肝日をあえて作らないかのようなストイックな酒飲み生活を維持している。そこには陰日向なく努力の日々があったことが窺える。取材対象が年を追うごとに広がり、アフガニスタンの凶獣・ペシャクパラングやトルコのＵＭＡ《ユーマ》（未確認不思議動物）・ジャナワール、さらには謎の国家を追いかけているうちに、イスラム圏に足を踏み入れることが増えたからだ。敬虔《けいけん》なイスラム教国では、酒を入手することさえ困難になる。その一例は、アフガニスタンだろう。高野さんたちは、紛争状態をものともせずに酒が飲めそうな中華料理店に向かおうとした。しかし、タクシーに乗ろうという段階で、その店がつい最近爆破されてしまったことを知る。

私たちは二人とも動揺したが、ニュアンスは若干ちがっていた。森は明らかに「爆破」に衝撃を受けていたが、私はどちらかというと爆破の結果として「店がない」というのにショックを感じていた。「店がない」とは「ビールが飲めない」を意味する。

それは、アスリートがやむをえずトレーニングを休んだ時のような焦りだろうか。はたまた、旅行中にNHKの朝の連ドラを見逃した時のような落胆だろうか。その心境は想像することしかできないが、とにかく高野さんは爆破情報なんか気にも留めず、幻の酒場への旅を続けていく。

話をいったん酒飲みイベントに戻そう。すぐにトークの内容は、「イスラム教徒は本当に酒を飲まないのか」というタブーの核心に入っていった。そこで高野さんは、「イスラム圏の人たちが酒を飲まないというのは建前で、実はけっこう飲んでいるんだよ」と言いきった。

建前と本音。その言葉に私は深く頷《うなず》いた。そうなのだ、イスラム教徒の日常には、タテマエとホンネが強固に組み込まれている。例えば、トルコやモロッコのバザールに買い物に行くと、最初に提示される値段は全て建前。交渉に交渉を重ね、最後に「どうしても欲しいのに買えない……」と泣き落としにかかれば、「もう君の言う値段でいいよ」というおじさんの本音が見えてくる。アラブ首長国連邦やイエメンなどで女性をすっぽりと覆う真っ黒なベール。あれも、建前のシンボルだ。なにせ、女性達はあの下で、信じられないほどセクシーな格好をしている。建前では、女性は肌を見せてはいけないのだが、本音部分では女も男もピチピチでギラギラの格好が大好きなのである。

お酒だって、それと同じだ。友人のアフガニスタン人で、ビールでも焼酎でもなんでも飲む男がいる。一緒に飲みながら「イスラム教徒なのにいいの」とからかうと、いつも彼はこう言うのだ。

「イスラム教徒もね、大昔はよく飲んでたんですよ。でも、一部のやつらが酔っぱらったままモスクに行っちゃって、マホメッドさんが『酔っぱらったままモスクに来るのは他の人に迷惑だ』って言い出して、だんだんと厳しくなっちゃった！」

本国アフガニスタンでも、たまに友人の家に集まって飲んでいるらしい。しかし、そんな彼ですら隣に敬虔なイスラム教徒や知らない人がいると、すぐに建前トークに早変わりする。

「おサケはやっぱりよくないですね。日本人は飲み過ぎだと思います」

というわけで、おおかたのイスラム圏では、酒を飲む人は飲む。だから、努力と運を味方につければ酒の入手は決して不可能ではない。しかし、繰り返しになるが、高野さんの夢は「現地の人間とわいわいがやがや飲む」である。ムスリムの酒宴への参加。その実現には、ただ酒を買って飲むこととは異なる次元の困難がつきまとうことが予想される。

私も一度だけ、バングラデシュでムスリムの酒宴にニアミスしたことがある。船でガンジス河をくだっていた時のことだ。河は海のように広大で、見えるのは水平線と空、そしてポツン、ポツンと現れる砂の中州だけだ。

しかし、その静けさを切り裂くかのごとく、低い地鳴りのような音が聞こえてきた。なんだ、と見回しているうちに、地鳴りはますます大きくなる。

そして、船がひとつの中州に近づいた瞬間、奇妙な光景が目に飛び込んで来た。照りつける太陽の下で、なんと数十人の男女が、インド・ロックに合わせて一心不乱に踊り狂っているのである。巨大な発電機とスピーカーを持ち込み、ものすごい爆音だ。足下には酒瓶らしきものが転がり、明らかに誰もがへべれけ状態である。男達は太鼓腹をむき出しにし、女たちはガラガラ蛇のような動きで、高級そうなサリーを振り乱している。

「なんじゃありゃ!?」

これは、上流階級の男女による秘密の酒宴に違いない。

「面白い〜!」

しかし、一人の中年男が、体をクネクネとさせながら、見るな！　見るな！　と大きなジェスチャーを向けてきた。船が近づくにつれ、必死の形相になり「あっちにいけ！」と追い払おうとする。せっかくの宴会を邪魔するのも野暮なので、近づくのは諦めた。

ムスリム達の酒宴に参加できるかどうか。ここら辺が酒飲みとしての実力を分かつところだろう。まだ鍛錬が足りない私には未踏の領域だが、さすが長年酒の神に徳を積んできた高野さんは違う。なんと酒宴の方から「おいで、おいで」と手招きされる。

例えば、イランでは密売人から酒を入手したと思いきや、「あなたたちはいい人だ」と、あべこべに彼らの自宅に招待され、フレッシュなドブロクを飲ませてもらう。さらに、チュニジアではただ歩いていただけなのに、こんなことが起こる。

「一緒に来いよ」と若い男が突然、森の奥に誘った。

この時間に森の奥へ行く?

高野さんは、突然の誘いに「どうかしてるぞ」と理性を働かせたが、直後の「ベルベルウイスキー」という呟きを耳にしたとたん、一切の迷いが消える。そして、「ここが僕たちのバーだ」、と案内されたところは、暗闇の酒宴、名付けてオアシス・バーだった。

このように、不思議な力に導かれ、「禁じられた国・秘密の地酒・イスラム教徒との宴会」のタブーの三拍子に分け入っていく。

そこからが、まさに本書のハイライトである。酒宴の扉の向こうにいるのは、お茶目でホスピタリティあふれるムスリム達。繰り広げられるのは、酒の力を借りた本音トークの連続である。

「オレの家は貧しい。テレビも車もない。でもこれを飲めば世界は美しい。おー、ビューティフル・ワールド！」と叫ぶハッピーなチュニジア人。ノルウェーに難民として逃げていった若い妻を思い出し、「彼女は毎晩オレに電話をかけてくるぞ！」と叫ぶソマリランドのジャーナリスト。高野さんが苦労して入手したビールを勝手に飲み干し、「昔はよかったよ。お祈りも酒も両方あった」と酔っぱらうイランの老人。

それは、めったに描かれることがなかった市井の人々の生々しい素顔である。これを読んでいると、遠い国のムスリム達も日本の居酒屋で酔っぱらうサラリーマンも、世界を旅する作家も、一皮むけば人間は人間。結局は大して変わらないのかなと思えてくるから不思議だ。

そして、本書の真の実力は、読後に発揮される。それは、読者をまったく新しいイスラム圏への旅に誘ってくることだ。それまで、イスラム圏で酒を求めることは、いくばくかの罪悪感をともなった。それは、本書にも書かれている通り、「酒を求めると現地から遠ざかり外国人向けになっていく」というのが理由だ。酒を求めることは、現地の文化や人々に背を向けることになると思い込んできた。しかし、そんなことはないようだ。イスラム圏だろうとなんだろうと、酒飲みの桃源郷は必ずある。それを私たちはすでに知ってしまった。

その場所への道順は、すべて惜しげもなく本書に書かれている。酒はどうやって手に入れるのか。どんな人が飲んでいるのか。どんな地酒があるのか。勇気を出して一歩を踏み出せば、そこには大いなる深淵、つまりはムスリム達の面白すぎる本音トークが待っているのだ。

これを書きながら、酒は未知なる領域への列車なのだと改めて思う。例えば、この解説文がいい例だろう。高野本の愛読者に過ぎなかった自分が、あの「酒飲みイベント」がきっかけとなり、今や一緒にお酒を飲んでいる。そして高野さんの紹介で、もうすぐ新たな本まで出すことになってしまった。さらに、気づけば本書の解説まで書いているのだ。これが、酒が起こした奇跡といわずしてなんであろうか。

などと、ごちゃごちゃ書いてみたが、そんな小難しいことを考える必要はまるでない。酒が好きなら、そうだ、今日もお酒を飲もう、それだけでもう立派な一歩なのである。

カラー写真解説

口絵1

トルコ・イスタンブール

新市街にある飲み屋街、
ネヴィザーデ

口絵2

シリア・アレッポ

メソポタミアの都市遺跡マリで
発掘された青銅の獅子

口絵3

イラン・エスファハーン

イマーム・モスクに施された
アラベスク模様のタイル装飾

口絵4

ヨルダン・アンマン

キリスト教徒の居住区にあった
宿の窓から撮影

口絵5

トルコ・イスタンブール

路面電車の駅の向こうには
国鉄のシルケジ駅が見える

口絵6

バングラデシュ・ボグラ

食堂の調理場で見かけた煮込み。
淡水魚がよく食される

口絵7

**バングラデシュ・
ラルモニハット**

10月はモンスーンの過ぎてゆく
季節の変わり目。乾季へ

口絵8

バングラデシュ・ダッカ

街灯のない道を行くリキシャ。
ライトが乱反射する

口絵9

アフガニスタン・カブール

歩道に座るブルカ姿の女性たち。
カブールでは水色が多い

本書は二〇一一年六月、扶桑社より単行本として刊行されました。

|著者| 高野秀行　1966年東京都生まれ。早稲田大学探検部在籍中に『幻獣ムベンベを追え』（集英社文庫）でデビュー以来、世界の辺境を舞台に執筆活動を続ける。「誰も行かないところへ行き、誰もやらないことをやり、それを面白おかしく書く」がモットー。2006年『ワセダ三畳青春記』（集英社文庫）で第1回酒飲み書店員大賞、2013年『謎の独立国家ソマリランド』（本の雑誌社）で第35回講談社ノンフィクション賞と第3回梅棹忠夫・山と探検文学賞を受賞。主な著書に『西南シルクロードは密林に消える』『怪獣記』（ともに講談社文庫）、『アヘン王国潜入記』『異国トーキョー漂流記』『アジア新聞屋台村』（以上、集英社文庫）など。

イスラム飲酒《いんしゅ》紀行《きこう》
高《たか》野《の》秀行《ひでゆき》

2014年7月15日第1刷発行
2025年4月7日第15刷発行

発行者——篠木和久
発行所——株式会社　講談社
東京都文京区音羽2-12-21　〒112-8001
電話　出版（03）5395-3510
　　　販売（03）5395-5817
　　　業務（03）5395-3615
Printed in Japan

講談社文庫
定価はカバーに
表示してあります

KODANSHA

デザイン—菊地信義
本文データ制作—講談社デジタル製作
印刷———株式会社KPSプロダクツ
製本———株式会社国宝社

ISBN978-4-06-277876-3

講談社文庫刊行の辞

二十一世紀の到来を目睫に望みながら、われわれはいま、人類史上かつて例を見ない巨大な転換期をむかえようとしている。

世界も、日本も、激動の予兆に対する期待とおののきを内に蔵して、未知の時代に歩み入ろうとしている。このときにあたり、創業の人野間清治の「ナショナル・エデュケイター」への志を現代に甦らせようと意図して、われわれはここに古今の文芸作品はいうまでもなく、ひろく人文・社会・自然の諸科学から東西の名著を網羅する、新しい綜合文庫の発刊を決意した。

激動の転換期はまた断絶の時代である。われわれは戦後二十五年間の出版文化のありかたへの深い反省をこめて、この断絶の時代にあえて人間的な持続を求めようとする。いたずらに浮薄な商業主義のあだ花を追い求めることなく、長期にわたって良書に生命をあたえようとつとめるところにしか、今後の出版文化の真の繁栄はあり得ないと信じるからである。

同時にわれわれはこの綜合文庫の刊行を通じて、人文・社会・自然の諸科学が、結局人間の学にほかならないことを立証しようと願っている。かつて知識とは、「汝自身を知る」ことにつきていた。現代社会の瑣末な情報の氾濫のなかから、力強い知識の源泉を掘り起し、技術文明のただなかに、生きた人間の姿を復活させること。それこそわれわれの切なる希求である。

われわれは権威に盲従せず、俗流に媚びることなく、渾然一体となって日本の「草の根」をかたちづくる若く新しい世代の人々に、心をこめてこの新しい綜合文庫をおくり届けたい。それは知識の泉であるとともに感受性のふるさとであり、もっとも有機的に組織され、社会に開かれた万人のための大学をめざしている。大方の支援と協力を衷心より切望してやまない。

一九七一年七月

野間省一